GUIDE

DES ACTIONNAIRES

AUX

CHEMINS DE FER.

DE L'IMPRIMERIE DE CRAPELET,
RUE DE VAUGIRARD, N° 9.

GUIDE

DES ACTIONNAIRES

AUX

CHEMINS DE FER,

OU RÉPONSE A CETTE QUESTION :

Le placement des fonds sur les entreprises de chemins de fer en France est-il une bonne spéculation?

CHEMINS DE FER DE PARIS A ORLÉANS,

DE PARIS AU HAVRE, DE BORDEAUX A LA TESTE;

PAR M. GAUBERT JEUNE.

PARIS.

LIBRAIRIE DE P. DUFART,

RUE DES SAINTS-PÈRES, N° 1.

1838.

INTRODUCTION.

ÉTAT DE LA QUESTION DES CHEMINS DE FER, SOUS LES RAPPORTS SCIENTIFIQUE ET INDUSTRIEL.

Les questions générales d'économie politique ont été discutées et traitées à fond par des hommes d'un grand mérite; mais aucun, à notre connaissance, n'a résolu d'une manière pratique les questions particulières relatives à tel ou tel mode d'industrie. Aussi, lorsque nous sommes venu à nous poser celle qui va faire le sujet de ce livre : *le placement des fonds sur les entreprises de chemins de fer est-il en France une bonne spéculation?* nous n'avons trouvé, dans les traités généraux des économistes, aucun principe qui pût nous fournir la réponse. Nous devons même avouer qu'après avoir pris connaissance des documens spéciaux, il n'en est pas un qui ne nous ait laissé plus ou moins dans l'incertitude.

Cependant, si l'on considère la tendance de l'époque, la disposition presque générale des individus à prendre part aux affaires d'industrie, à s'associer pour exécuter en commun le travail, pour mener à bien des entreprises plus ou moins importantes, on est frappé de l'idée qu'une telle incertitude laisse ces entreprises pour ainsi dire exposées aux chances du hasard, et réduit ceux qui s'y livrent à une sorte de tâtonnement d'aveugles.

Dans cette circonstance, il nous a semblé opportun d'éclairer le public sur la plus vaste entreprise où il ait encore voulu s'engager; car sa volonté à cet égard est très déterminée, et la question des chemins de fer est plus grande à elle seule que toutes les autres ensemble.

Les élémens de notre travail ont été puisés aux meilleures sources, et nous avons constamment raisonné d'après les faits les plus positifs. Le bel ouvrage de M. Michel Chevalier, sur les travaux publics; ceux de MM. Pillet-Will, Tell-Poussin, Wood, Moreau, sur les chemins de fer; les études si remarquables de MM. Defontaine, Vallée, Kermaingant, sur les tracés; le rapport de M. Arago, ceux faits en 1837 et 1838 à la Chambre des Députés; les procès-verbaux de la commission d'enquête; les brochures de MM. Séguin, Corréard, Fournel, du Portail, Cartier, etc., nous ont fourni tous les documens désirables, encore bien qu'aucun de ces ouvrages, pris isolément, n'ait résolu la question : si ceux qui concourront de leurs capitaux à l'établissement des chemins de fer en retireront ou non des bénéfices.

Il est bien entendu que nous n'avons eu en vue, dans le cours de nos recherches, que les souscripteurs sérieux, les hommes qui s'engagent de bonne foi dans une entreprise pour y persévérer, et qui sentent le besoin de voir réunis sous leurs yeux tous les élémens nécessaires pour savoir si cette entreprise est viable. Ces élémens trouvés, il reste à les discuter et à en déduire des conclusions exactes; ce qui ne peut être fait qu'après un mûr examen et une étude approfondie, tant il est vrai que rien n'est fécond et solide que le travail.

En vain citerait-on quelques exemples de fortunes rapides, faites par des joueurs heureux, par des spéculateurs sans lumières; nous aurions à répondre par des exemples moins rares de grandes fortunes dues au jeu dans les maisons publiques. Cependant, en définitive, le fermier des jeux payait plusieurs millions à la ville de Paris et ajoutait chaque année à son actif plusieurs autres millions, le tout prélevé sur les dupes. D'ailleurs, si l'on y veut réfléchir, on verra que les chances des joueurs à la roulette, au trente-et-quarante, etc., étaient bien plus nombreuses que ne le sont celles des joueurs de bourse. Les règles étaient positives dans ces jeux, et, bien qu'à l'avantage des exploitateurs, elles étaient sévèrement observées : les parties engagées de part et d'autre étaient sous l'œil et sous la main de la police, qui veillait à la stricte observation des réglemens. Dans les jeux de bourse, au contraire, aucune protection pour l'actionnaire : fraudes, mensonges, tromperies, tout concourt à lui faire prendre pour vrai ce qui est faux, pour bon ce qui est mauvais. Les *faiseurs d'affaires*, par d'habiles manœuvres, par le secours de la presse, accréditent des entreprises, des industries, pour des sommes décuples, centuplés même de leur valeur ; puis, après avoir réalisé d'énormes bénéfices, passent à d'autres spéculations et laissent dans la détresse le joueur dépouillé.

Nous n'aurions pas à remonter bien haut pour montrer des exemples d'objets acquis pour une somme de *cent à cent cinquante mille francs*, et mis en actions au capital de *trois à quatre millions*. Dans des spéculations de cette nature, évidemment ce ne sont pas des dividendes, de gros intérêts qu'on s'attend à réaliser : ce sont des primes qu'on espère. Comptant sur l'ignorance, l'engouement et l'avidité des autres, on ne s'associe pas, on se rapproche, comme les joueurs, pour se dépouiller. Mais jusqu'où ira cet entraînement? Qui peut en dire le terme? personne ; car il est de sa nature de ne pouvoir être prévu ni calculé dans ses effets.

Ces réflexions, que nous jetons en passant, sont pour nous l'accomplissement d'un devoir ; mais nous en attendons peu de résultats. En effet, qu'aujourd'hui quelques spéculateurs habiles se réunissent pour se livrer à des entreprises fictives, qu'ils créent des Compagnies fictives, qu'ils inondent la France de prospectus, les journaux d'éloges pompeux et de promesses magnifiques ; ils pourront réunir, nous n'en doutons pas, des sommes considérables. Aussi, nous le répétons, ce n'est pas pour les joueurs que nous écrivons.

Toutefois, nous ne quitterons pas cette question sans indiquer les mesures à prendre à l'égard des *metteurs en œuvre* dans les Compagnies industrielles. Ces mesures seraient : 1°. une législation nouvelle sur la constitution des Sociétés ; 2°. la création par le Gouvernement d'un comité d'études, de surveillance et d'examen, dont l'intervention devrait précéder toute publicité relative à la formation des associations ; 3°. une pénalité redoutable pour toute contravention.

Ne serait-il pas juste, par exemple, que lorsqu'un banquier, dans des prospectus, des annonces, des circulaires, des lettres contenant invitation à prendre des actions, aurait exagéré les bénéfices, et, par des mensonges notoires, surpris la confiance des actionnaires, il fût condamné comme coupable de vol?

Mais revenons aux actionnaires sérieux.

Dans l'industrie des chemins de fer à locomotives, dont le point de départ et la base sont un fait scientifique, ce fait domine tous les autres et veut être examiné le premier : le présent et l'avenir s'y rattachent ; son état actuel, sa portée, ses limites, déterminent en partie les résultats que nous voulons connaître.

La physique appliquée et la mécanique ont créé l'industrie des chemins de fer, et l'ont rendue prospère. Mais la science a-t-elle dit son dernier mot, et sommes-nous désormais condamnés à reproduire, sans améliorations ni perfectionnemens, les machines de Robert Stephenson, les chaudières tubulaires modifiées si ingénieusement par M. Séguin l'aîné? Ces perfectionnemens et une foule d'autres ne sont-ils pas, au contraire, l'acheminement à des perfectionnemens nouveaux? Oui, n'en doutons pas, malgré les étonnantes vitesses déjà réalisées par les locomotives à vapeur en Amérique et en Angleterre, des études nouvelles viendront, dans un prochain avenir, simplifier et perfectionner encore les moyens employés aujourd'hui.

Pour s'en convaincre, il suffit de suivre un instant l'illustre rapporteur des projets présentés en 1838, dans l'exposé rapide qu'il nous donne de la question scientifique.

M. Arago nous montre très bien que les chemins de fer ne sont pas restés un instant stationnaires, et que par tous les moyens ils ont tendu sans cesse à un plus grand développement de la puissance active.

«Les chemins de fer, dit-il, considérés comme moyen d'atténuer les résistances de toute nature que le roulage doit surmonter sur les routes ordinaires, seraient aujourd'hui, relativement aux canaux, dans un état d'infériorité évidente, si on avait dû toujours y opérer la traction avec des chevaux. L'emploi des premières machines locomotives à vapeur avait laissé les choses dans le même état; mais, tout à coup, en 1829, surgirent, en quelque sorte, sur le chemin de *Liverpool* à *Manchester*, des locomotives toutes nouvelles. Jusqu'en 1813, on n'avait espéré pouvoir marcher, sur les rails en fer ou en fonte, qu'avec des roues dentées et des crémaillères, ou bien à l'aide de systèmes articulés dont on donnerait une idée assez exacte en les comparant aux jambes inclinées d'un homme qui tire en reculant. Les locomotives perfectionnées étaient débarrassées de cet attirail incommode, fragile, dangereux. L'engrenage naturel résultant de la pénétration fortuite et sans cesse renouvelée des aspérités imperceptibles des jantes de la roue dans les cavités du métal du rail, et réciproquement, suffisait à tout. Cette grande simplification permit d'arriver à des vitesses inespérées, à des vitesses trois, quatre fois supérieures à celles du cheval le plus rapide. De cette époque date une ère nouvelle pour les chemins de fer..... Jadis les rails étaient tout; maintenant ils n'occupent dans le système qu'une place secondaire. Dès aujourd'hui, les chemins de fer devraient s'appeler des chemins à locomotives, ou bien des chemins à vapeur.

« Quand on a lu dans les gazettes, dans celles surtout de l'Angleterre et de l'Amérique, le tableau des vitesses que les locomotives à vapeur ont déjà réalisées, on est vraiment excusable de croire qu'il ne faut plus compter sur des améliorations importantes, que l'art est presque arrivé à sa perfection.

« Cette opinion, quelque naturelle qu'elle paraisse, n'en est pas moins une erreur.

« Les premières locomotives pour voyageurs ne pesaient que 5 tonnes. Bientôt on les porta graduellement à 7, à 8, à 10, à 12 tonnes. En ce moment, on en construit de 18 tonnes, qui reposeront sur six roues.

« A l'origine, les paires de roues adhérentes ne portaient que 5 tonnes. Dans de nouvelles machines, elles seront chargées de 8 tonnes. Les rails devront donc être renforcés, quoiqu'ils aient déjà parcouru successivement cette série de poids : 28, 35, 40, 50, 75 et 82 livres anglaises par mètre courant.

« La largeur de la voie était originairement, d'axe en axe, de quatre pieds dix pouces anglais. Cette largeur a paru trop restreinte. Sur le grand chemin de *Londres* à *Bristol*, l'ingénieur, M. Brunel fils, vient d'adopter une voie de sept pieds anglais.

« Le but qu'on s'est proposé en élargissant aussi considérablement la voie, est de faciliter l'emploi de machines de plus fortes dimensions. Avec une voie de sept pieds anglais, il y aura place entre les roues pour des chaudières plus vastes ; on engendrera plus de vapeur dans un temps donné ; on aura plus de force et aussi plus de vitesse, si toutefois des difficultés imprévues ne viennent pas à se manifester.

« L'élargissement de la voie permettra d'agrandir le diamètre des roues adhérentes des locomotives. Ces roues, chez nos voisins, ont été, successivement, de quatre pieds six pouces anglais, de cinq pieds, de cinq pieds six pouces et de six pieds. Cette dernière dimension n'avait jamais été dépassée. Sur le chemin de *Londres* à *Bristol* on verra fonctionner des roues de huit pieds. Avec de telles roues, s'il n'y a point de mécompte, on arrivera aux plus grandes vitesses sans être obligé d'accroître encore la rapidité déjà excessive des oscillations du piston, ce qui n'est point à dédaigner, financièrement parlant, après avoir évité la principale cause de détérioration des locomotives. Si l'on pouvait se permettre ici une assimilation quelque peu vulgaire, nous dirions qu'aujourd'hui la vitesse de locomotion résulte de la succession extrêmement rapide de petits pas, et qu'on arrivera aux mêmes résultats, avec des roues de huit pieds, en faisant de grandes enjambées.

« L'usage de plus fortes machines permettra certainement de sortir des limites de pente dans lesquelles on renferme aujourd'hui le tracé des chemins de fer, alors même que l'emploi de quelqu'une des crémaillères que les ingénieurs ont proposées, ne viendrait pas arracher l'art à une sujétion qui déshérite les pays montueux, ou même seulement un peu accidentés, du nouveau moyen de communication.

« Une route rectiligne, avec les voitures

actuellement en usage, a des avantages incontestables sur une route sensiblement courbe; mais ces avantages, on les achète quelquefois à des prix énormes. Une excellente solution de la difficulté vient d'être donnée par un humble ingénieur civil français, M. *Laignel*. Des solutions d'une autre espèce sont actuellement à l'étude. Si elles réussissent, les chemins de fer subiront dans leur tracé les plus importantes améliorations. Ils pourront pénétrer au cœur des villes sans tout renverser devant eux.

« Que dire de la machine à vapeur, partie capitale des locomotives? La force aérienne irrésistible qu'elle élabore se répand et circule dans les organes du système, tantôt par petites portions, et tantôt à flots pressés, au gré de l'ingénieur. De là ces mouvemens si lents, ou si rapides; de là ces variations de vitesse, ou graduelles ou presque instantanées, qui feraient croire, en vérité, qu'on assiste aux évolutions capricieuses d'un être doué de vie et de volonté. Tout cela est à merveille; mais perçons l'enveloppe, et nous trouverons un appareil qui se dérange sans cesse, qui sans cesse est en réparation. Voyons ce que le combustible consommé renfermait de force motrice ; mesurons, d'autre part, la force que la locomotive a mise en action, et de nouvelles imperfections frapperont nos yeux, comme elles ont déjà frappé ceux de tous les ingénieurs. Le mal est-il irréparable? Gardons-nous de le croire. Quand on se rappelle la révolution capitale que notre compatriote, M. *Séguin* l'aîné, produisit dans l'art de la locomotion, le jour où, s'emparant des chaudières tubulaires de ses devanciers, il imagina de placer l'eau dans la capacité où se jouait la flamme, et de lancer cette flamme, au contraire, dans les tubes destinés d'abord à renfermer l'eau; quand on songe à tout ce qu'on a gagné, sous le rapport du tirage, à faire dégager, par la cheminée de la locomotive, la vapeur qui, après avoir agi dans le corps de pompe, semblait ne pouvoir pas rendre de nouveaux services et se répandait jadis librement dans l'air, on a toute raison d'espérer de nouvelles découvertes et de compter sur leur simplicité. »

Enfin la substitution du bois au granit et à la pierre, pour la confection des coussinets, a produit une double diminution et dans les frais de premier établissement, et dans les frais d'entretien des chemins de la Belgique.

Prenant en mûre considération le point de départ, la marche, le développement et l'état actuel du fait scientifique, nous disons à l'actionnaire que, *sous ce premier rapport*, aucune industrie n'a jamais offert autant de garanties pour le présent, autant de probabilités pour l'avenir que celles des chemins de fer. Mais nous ne prétendons pas pour cela qu'il ait une certitude complète de rentrer dans ses fonds, après avoir touché à coup sûr de gros intérêts pendant une suite d'années plus ou moins nombreuses; car, dans ce cas, il n'y aurait pas assez d'entreprises pour tous les capitaux : l'industrie deviendrait un immeuble, et les possesseurs d'immeubles ne se contenteraient pas, comme ils le font aujourd'hui, de retirer seulement 2, 2 $\frac{1}{2}$, 3 pour 100 de leur argent. Il y a toujours risques et périls dans les choses de l'industrie, à peu près en raison directe de ce qu'elles promettent; aussi ne parlons-nous, et ne pouvons-nous parler que de chances, de possibilités, de probabilités plus ou moins grandes. Nous insistons sur cette idée, parce que, bien que fondamentale, elle n'est pas encore arrivée à l'esprit de beaucoup d'actionnaires en France.

Un exemple va leur rendre sensible le genre de chances dont nous parlons. Lorsqu'on forma le projet du chemin de fer de Liverpool, et qu'on adopta le tracé de Stephenson, les machines locomotives étaient encore bien grossières et bien imparfaites, et même on ne prit de parti, à l'égard du *moteur* que l'on emploierait, qu'après que le chemin de fer fut exécuté. On ne pensait pas alors qu'il fût possible d'employer avantageusement les machines locomotives sur toute la ligne, et, dans cette supposition, on conserva deux plans inclinés en sens inverse, comprenant chacun une longueur de plus d'une demi-lieue et ayant une pente d'un centième. Deux machines fixes devaient les desservir. La donnée scientifique, à cette époque, était donc bien plus restreinte qu'aujourd'hui, puisque, d'une part, elle enseignait qu'un cheval, qui porte 100 kilogrammes sur son dos, peut en traîner 1,000 sur une bonne route ordinaire empierrée, 10,000 sur un chemin de fer, et 60,000 sur un canal; et que, d'autre part, les locomotives étaient tellement imparfaites qu'on hésitait à les mettre en usage.

Dans de telles circonstances, le projet ne

manqua point de capitalistes, hardis, il est vrai, mais logiques et doués du génie de l'industrie. Ce fait mémorable doit être donné en exemple aux hommes qui se réunissent pour exécuter de grandes entreprises. Aucun, à notre avis, n'est plus capable d'élever l'esprit aux conceptions les plus hautes de l'industrie. Une idée juste, avec la foi dans son développement, a conquis aux actionnaires du chemin de Liverpool, à travers mille risques et mille épreuves, un brillant avenir et des bénéfices qui, s'ils n'étaient en partie dissimulés, iraient au-delà de 15 pour 100.

Les personnes qui s'associent pour exécuter les chemins de fer de la France ont donc besoin de savoir qu'elles ne viennent pas concourir à un travail dont la forme, les proportions et les difficultés sont entièrement déterminées; mais qu'elles ont des chances de modification, de remaniement, et, par conséquent, de dépenses imprévues dans presque toutes les parties du système. Pour compensation à ces risques, elles doivent considérer que tous les précédens établissent une amélioration à côté d'une dépense; que la clause des cahiers des charges des grandes lignes (de Paris à Orléans, de Paris au Hâvre), tendant à éloigner toute concurrence pendant vingt-cinq à trente ans sur les lignes entreprises, préserve leurs intérêts de la ruine dont les frapperait une révolution considérable dans les moyens actuels, et leur laisse le temps de couvrir des sacrifices imprévus par des bénéfices proportionnés.

L'industrie des chemins de fer, fixée sur l'ensemble de ses moyens, en modifie donc chaque jour les détails. Il en doit être ainsi pendant un long temps encore, la limite de la puissance qu'elle emploie étant indéterminée quant à la vitesse et à l'énergie. Dans le système de transport par les routes ordinaires, au contraire, à l'aide de chevaux, l'animal, qui est la force, ne dépasse pas une certaine vitesse ni une certaine puissance, de quelque manière qu'il soit appliqué.

Nous considérons ici le système des chemins de fer et celui des locomotives à vapeur comme un seul et même système; car ils sont désormais inséparables. Cependant ils ont des dates bien différentes, puisque les chemins de fer existent depuis plus de deux siècles, et que c'est seulement dans les premières années du nôtre que l'on a imaginé d'appliquer la puissance de la vapeur à traîner, sur des chemins de fer, des voitures ou des wagons chargés de houille et d'autres objets de commerce. L'un et l'autre de ces moyens de transport ont eu, pour première et unique destination, des marchandises; mais la vitesse s'accroissant, et les questions de frais de premier établissement, d'entretien, etc., changeant de nature sur une échelle plus étendue, on en est venu à se demander s'il est profitable d'établir de longues lignes de chemins de fer *pour le transport des marchandises*. La réponse à cette question est encore douteuse aujourd'hui. Essayons de la discuter : les frais d'entretien pour les rails et les machines, les frais d'exploitation pour le combustible, enlèvent plus des quatre cinquièmes de la recette brute sur les chemins en activité pour le transport des marchandises ; et de plus, les tarifs sont limités par *les autres moyens de transport existans*.

Les chemins de fer, dira-t-on, transportent les marchandises avec plus de vitesse et moins d'avaries. Cela est vrai ; mais beaucoup de marchandises ne demandent pas cette vitesse et craignent peu les avaries. Il faut donc qu'ils offrent d'autres avantages pour mériter la préférence. Or, la modicité du prix de transport, réalisant une économie, est le plus important de tous.

Dans quelle limite de *minimum* doivent-ils se renfermer pour faire à la navigation, au roulage ordinaire, au roulage accéléré et aux messageries, une concurrence qui ne soit pas ruineuse? Répondons par un fait : « Sur le chemin de fer de Saint-Étienne à Lyon, le charbon est taxé à 10 centimes par tonneau de 1,000 kilogrammes et par kilomètre, ou à 40 centimes par lieue de poste (de 4,000 mètres). Ce chemin est le plus fréquenté qu'il y ait au monde ; il est parcouru annuellement par 500,000 tonnes de marchandises. Or, on estime que la circulation est animée sur un canal, un chemin de fer ou une route, lorsqu'il y passe 100,000 tonnes par an. Dès lors les frais d'administration et d'entretien, et l'intérêt du capital engagé, se répartissant sur une immense quantité de marchandises, se trouvent proportionnellement réduits à leur plus simple expression, et n'entrent que comme un faible élément dans les dépenses relatives à chaque tonne. Ce chemin descend continuellement de Saint-Étienne au Rhône, et c'est dans ce sens que s'opère la presque totalité des transports : de là une autre diminution considérable de frais ; enfin, il est fort bien administré. Malgré toutes ces circonstances favorables, malgré le service des voyageurs, qui est très productif, le chemin de fer de Lyon à Saint-Étienne ne donne qu'un bénéfice net très modique ; il joindrait tout juste les deux bouts, s'il n'unissait au transport des marchandises d'autres sources de revenus, telles que le transport des voyageurs, sur lequel on ne comptait nullement à l'origine ; un pont de péage à Lyon ; une gare à Perrache, et quelques droits d'emmagasinage et de factage. » (M. Chevalier.)

Dans l'état actuel des choses, il est donc impossible de supposer le tarif *minimum* au dessous de 40 c. par tonne et par lieue.

Quel est, dans cette hypothèse, le résultat de la concurrence avec les autres moyens de transport (1°. roulage ordinaire ; 2°. roulage accéléré ; 3°. diligences ; 4°. rivières, et 5°. canaux) ? Pour répondre à cette question, il est nécessaire d'exposer quelques notions sur les différens modes de transport, et de les comparer entr'eux.

1°. Sur les routes de terre, la plus grande

partie des marchandises se transporte ; au pas des chevaux, avec une vitesse d'une lieue par heure, et de 8 lieues par jour (roulage ordinaire), à raison, en moyenne, de 0, 80 c. à 1 fr. par tonne et par lieue ;

2°. Avec la même vitesse par heure, mais à vingt lieues par jour (roulage accéléré), 1 fr. 50 c. à 2 fr. par lieue et par tonne ;

3°. Avec une vitesse non interrompue de deux lieues à l'heure, au trot des chevaux 48 lieues dans les 24 heures (diligences), à raison de 4 à 5 fr. par tonne et par lieue ;

4°. et 5°. Sur les canaux et sur les rivières, le halage s'opère généralement par des hommes et par des chevaux, qui parcourent à peine deux tiers de lieue à l'heure. Sur les canaux, le passage est encore retardé par la manœuvre des écluses ; sur les rivières, par l'irrégularité du lit et par les imperfections des chemins de halage. La dépense du transport, abstraction faite du droit de péage, est d'environ 8 centimes par lieue et par tonne en moyenne ; et de 25 centimes, en y comprenant les droits de péage.

Les tarifs des chemins de fer ayant pour se mouvoir la vaste latitude de 40 c. à 80 c., 1 fr. 50 c., 4 et 5 fr., il en résulte qu'ils peuvent faire une concurrence efficace au roulage ordinaire, au roulage accéléré et aux diligences. La concurrence avec les canaux et les rivières est impossible pour le présent et pour l'avenir; nous en verrons plus tard les raisons.

Si, recherchant de la même manière le prix *minimum* par lieue pour les voyageurs, nous voulions établir la latitude laissée par les autres moyens de transport aux tarifs des chemins de fer, les faits nous conduiraient, pour ceux-ci, à un minimum, par lieue, de 25 c., prix moyen des places, et, pour les diligences, à une moyenne de 50 c; et nous en conclurions que les tarifs des chemins de fer, ayant pour se mouvoir la grande différence de 25 c. à 50 c., ont encore, sur ce point, toutes les chances de leur côté.

Ce qui précède fait connaître dans sa vérité la question scientifique et industrielle des chemins de fer, telle qu'elle s'offre d'elle-même, dégagée de toute entrave et de toute restriction. Dans cette liberté, elle n'a d'autres bornes à ses chances favorables que les industries auxquelles elle vient faire concurrence, et à ses chances défavorables, que les frais de premier établissement, dont elle doit servir l'intérêt et amortir le montant, et que les frais d'entretien, auxquels elle doit pourvoir.

Dans cet état de simplicité, jamais industrie, nous le répétons, n'eut de chances de succès mieux fondées; et si, dans la pratique, elle ne se compliquait pas d'une foule de modifications, notre tâche finirait ici, et il ne resterait qu'à faire appel aux bras et aux capitaux. Mais une complication se présente : le Gouvernement doit protection, d'une part, aux Compagnies, et, d'autre part, aux intérêts rivaux : il doit poser les conditions les plus utiles à tous.

Les modifications, les entraves et les restrictions résultant de cette obligation du Gouvernement font, de la question des chemins de fer, l'une des plus épineuses qui se puissent présenter.

Nous allons tâcher, dans les pages qui suivent, d'apprécier à leur juste valeur les nombreux élémens du problème, en l'acceptant tel qu'il résulte des différens *cahiers des charges*, et des formes législatives suivies jusqu'à ce jour.

GUIDE

DES ACTIONNAIRES

AUX

CHEMINS DE FER.

CHAPITRE PREMIER.

Conditions spéciales qui modifient la question des chemins de fer. Concession directe, sans aide ni garantie d'aucune espèce : comment le Gouvernement y a été amené; comment, dans cette position, il aurait dû aviser à neutraliser les chances mauvaises pour les actionnaires, et attirer sur les chemins de fer une faveur durable et méritée.

Si, comme nous venons de le démontrer dans l'Introduction, la question des chemins de fer, sous le double rapport scientifique et industriel, est, de toutes, celle qui promet *par elle-même* les plus beaux avantages, elle devient aussi, par les entraves et les modifications que nous avons indiquées, une des plus laborieuses, une de celles où les Compagnies ont le plus besoin des lumières et de la sollicitude du Gouvernement.

Voyons donc quelle est, et quelle aurait dû être la conduite du Gouvernement à leur égard.

En 1836, une Compagnie, composée de banquiers riches et justement considérés, offrait de se charger du grand réseau gouvernemental (1100 lieues), sous la seule garantie d'un *minimum* d'intérêt de 4 pour cent pendant 46 ans.

En 1837, l'honorable M. Corréard demandait que le Gouvernement voulût bien accorder, pour l'exécution du chemin de Paris à Tours par Chartres, une garantie d'intérêt de 4 pour cent aux capitaux engagés dans cette entreprise. « Je me porte fort, disait-il, de démontrer à l'administration supérieure que l'État n'aura aucun risque à courir à ce sujet. Le motif qui m'engage à faire cette demande, c'est qu'à tort ou à raison on a répandu le bruit parmi les capitalistes, que l'État interviendrait dans l'exécution des chemins de fer, et notamment dans ceux de Paris à Orléans, de Paris à Lille et de Paris à Rouen, et que, dans cette situation, il serait impossible à une Compagnie d'obtenir des capitalistes un centime, si le Gouvernement ne nous accordait pas la même faveur qu'aux lignes précitées. »

La même année, d'autres soumissionnaires demandaient la concession d'autres lignes, à la condition d'une subvention, pour les uns, de 20,000,000 fr.; pour les autres, de 25,000,000 fr., de 15,000,000 fr., etc., selon l'importance ou les difficultés des entreprises. En résumé, aucune Compagnie ne se présentait, en 1837, pour exécuter, en concession simple, à ses risques et périls, une ligne importante.

De son côté, le Gouvernement ne restait pas oisif; il réunissait des lumières et étudiait la question. Usant du crédit extraordinaire de 500,000 fr., et du fonds annuel de 50,000 fr. mis à sa disposition par les Chambres en 1833, il faisait procéder aux études des principales lignes de chemin de fer à établir sur notre territoire. Le beau travail de M. Defontaine sur le *Chemin de Paris à Rouen, au Havre et à Dieppe*, celui de M. Kermaingant sur le *Chemin de Lyon à Marseille*, celui de M. Vallée sur le *Chemin de Paris en Belgique*, présentaient des tracés plus ou moins complets de lignes importantes, et donnaient des évaluations approximatives du revient et du produit. Ces documens et plusieurs autres attiraient l'attention et tendaient à fixer l'opinion par des faits.

Vers la fin de 1837, le ministre réunit une commission composée d'administrateurs habiles et d'hommes spéciaux pour examiner les questions que pouvaient soulever les projets d'établissement de chemins de fer. La première posée à la commission fut celle-ci : *Le Gouvernement exécutera-t-il lui-même les grandes lignes de chemins de fer, ou bien acceptera-t-il les offres des Compagnies qui réuniront les conditions de solvabilité et de capacité exigées?* La commission changea cette question en cette autre : *Y a-t-il des lignes qui doivent être possédées et exécutées par l'État?* et elle la résolut, à la majorité de 13 voix sur 16, en faveur de l'État.

A la session de 1838, il n'était plus question de concessions particulières. M. le ministre des travaux publics se présentait à la Chambre avec un exposé de motifs tendant à prouver qu'il était de l'intérêt du pays, sous mille rapports différens de stratégie, de finance, de politique, d'économie, de transit, etc., que 1100 lieues de chemins de fer fussent confiées aux soins du Gouvernement. L'exécution de tous ces travaux ne pouvait être simultanée. En conséquence, le ministre venait demander l'autorisation de commencer 375 lieues de chemin, estimées ensemble 350,000,000 fr. C'étaient les chemins de fer de Paris en Belgique, de Paris au Havre, de Paris à Orléans, de Marseille à Lyon. Ces chemins étaient de ceux sur lesquels les Compagnies avaient surtout dirigé leurs études, et pour lesquels des propositions avaient été faites.

Les fonds pour *commencer* étaient prêts. M. le ministre des travaux publics, consulté au sein de la commission d'enquête sur les moyens d'exécution, avait répondu par une communication du ministre des finances : 30 *ou* 40 *millions pouvaient être appliqués aux dépenses des chemins de fer*. De toutes parts on se récria sur les prétentions du Gouvernement : les hommes qui espéraient de grands bénéfices de la mise en actions des chemins de fer, de leur exploitation, ou du jeu sur les actions, se plaignirent qu'on doutât de la puissance de l'industrie française ; on représenta que, sous des prétextes plus ou moins spécieux, le Gouvernement étouffait de la sorte les premiers efforts de l'esprit d'association, qu'il aurait dû encourager. Les Compagnies rappelèrent leurs droits, leurs études antérieures ; elles proposèrent d'exécuter à leurs risques et périls, *sans aide ni subvention d'aucune espèce*, la plupart des lignes demandées par le Gouvernement. A l'objection qu'elles n'étaient pas sérieusement constituées, elles répondirent par des listes de souscripteurs dont les mises s'élevaient au double des prévisions pour chaque ligne. Cependant le rapporteur de la commission chargée d'examiner le projet de loi présenté par le Gouvernement, vint démontrer la futilité des raisons alléguées dans l'exposé des motifs, l'insuffisance, et surtout l'incertitude des ressources offertes par le ministre, et il conclut au rejet pur et simple du projet ministériel, en exprimant le vœu qu'il plût au Gouvernement de profiter de la bonne volonté de plusieurs Compagnies, et de laisser libre cours aux efforts de l'industrie privée. « La commission, disait-il, *se voit forcée de vous proposer le rejet du projet de loi.* » Ce rejet pur et simple était malheureusement, d'après la forme du projet, et d'après tous les usages de la Chambre, la seule voie qui fût ouverte à la commission de faire connaître l'opinion qu'elle s'était formée sur la nécessité d'appeler les Compagnies à l'exécution des grandes lignes de chemins de fer. Elle n'avait trouvé à regret aucun moyen de saisir directement la Chambre d'une proposition qui eût concerné telle ou telle Compagnie, telle ou telle des lignes projetées. Le Gouvernement s'empressera sans doute, disait-elle, d'user de son initiative.

La Chambre adopta les conclusions du rapporteur et rejeta le projet de loi.

Le ministre des travaux publics, bientôt après, exprimant le regret qu'on n'eût pas accédé à sa demande, présenta des projets de concession pour deux grandes lignes et sept petites. Dans l'exposé des motifs du projet de concession de Paris à la mer, M. le ministre disait aux Députés : « Vous avez jugé à propos de ne pas agréer nos propositions, et la majorité d'entre vous a pensé qu'il fallait confier ces grandes entreprises à l'industrie particulière, toutes les fois que des Compagnies solvables s'offraient à en courir les chances et à en payer les frais. Quelles que soient nos convictions à cet égard, nous croyons que ce que commande, avant tout, l'intérêt du pays, c'est que les chemins de fer s'exécutent, etc... »

En suivant ces faits avec attention, on voit que la marche du Gouvernement fut telle qu'il parut *se laisser arracher* par les Compagnies, en 1838, les conditions de *concession pure et simple, qu'aucune ne voulait accepter* en 1837.

Ce résultat de combinaisons logiques, toutes renfermées dans les limites de la plus rigoureuse légalité, nous paraît un avantage considérable remporté par l'administration sur les banquiers et les grands capitalistes. Si le Gouvernement l'a voulu, il a prouvé une grande habileté. Mais là n'est pas toute la question : les actionnaires, placés derrière les banquiers, sont les bailleurs de fonds; ils sont le pays, qui a besoin des lumières et de la protection du Gouvernement. Les banquiers, au contraire, sont habiles, accoutumés à faire des marchés avantageux, avec le Gouvernement comme avec les particuliers; s'ils se sont réunis pour demander la concession pure et simple de plusieurs grandes lignes, c'est qu'il en résulte encore pour eux à peu près la certitude de grands bénéfices.

Une subvention plus ou moins forte, ou un *minimum* d'intérêt garanti par l'Etat *avant la répartition des actions*, aurait eu pour résultat, non un avantage fait aux actionnaires, mais une chance de bénéfices beaucoup plus considérables pour les distributeurs d'actions. La Chambre des Députés, qui aurait d'ailleurs accepté avec empressement tout moyen efficace de venir en aide aux actionnaires, a bien senti la difficulté, lorsqu'elle a refusé d'ajouter l'une ou l'autre de ces clauses aux projets de concession. Comme cette question est importante, et que d'ailleurs le Gouvernement et la Chambre pourraient, dans cette circonstance, être en butte à des reproches qu'ils ne méritent pas, nous allons l'examiner.

Une subvention, disons-nous, *ou un minimum d'intérêt, garanti par l'État, à l'avance, ne rendrait pas la position des actionnaires meilleure ; ce serait seule-*

ment, pour les concessionnaires, une occasion de plus gros bénéfices. La chose est facile à prouver, en montrant par un exemple comment ces arrangemens se font.

Chemin de fer de Paris à Saint-Germain.

Concession accordée par la loi du 9 juillet 1835. Ordonnance du 4 novembre 1835, autorisant la Société anonyme fondée par acte passé le 2 novembre, pour quatre-vingt-dix-neuf ans,

Entre	MM. Rothschild frères, Louis d'Eichtal et fils, J.-C. Davillier et Cie, Thurneyssen et Cie, Emile Pereire;	Qui souscrivent 5,000,000 fr. en actions de 500 f.

Deux mille actions, faisant le sixième million, complément du fonds social, sont mises en réserve pour être négociées plus tard par le ministère d'agens de change.

Art. 11 et 12. Les bénéfices, après frais d'administration, exploitation, entretien ou charges annuelles, sont répartis à raison de 25 fr. par action, représentant l'intérêt à 5 pour 100; le surplus est divisé, moitié aux actionnaires, un quart au concessionnaire, M. Pereire, auquel est délivré un titre de fondation en 2,000 coupons, un quart à la réserve.

Art. 13. Si les bénéfices ne pouvaient fournir cette retenue, la réserve prendrait demi pour cent sur les 25 fr. de la distribution attribuée aux actions.

Dès que la réserve présentera, au-delà de 500,000 fr., une somme suffisante pour rembourser un cinquième du capital des actions, il sera procédé à cette distribution jusqu'à complet remboursement des 500 fr. Après le remboursement intégral, les bénéfices appartiendront un tiers aux titres du concessionnaire.

Quatre personnes, de chacune des maisons de banques fondatrices, sont administrateurs jusqu'à l'achèvement des travaux.

M. Pereire est directeur.

Cinq millions sur six sont souscrits. Le sixième million est mis en réserve pour être négocié plus tard; mais le crédit des banquiers ayant assuré le succès de l'émission dès le principe, le bénéfice a porté sur la totalité, et ce bénéfice, terme moyen, excède 400 fr. par action. En ne le comptant qu'à ce taux de 400 fr. net, si l'application s'en fait seulement au sixième million réservé, on trouve pour cette portion. . . . . 800,000 fr.

A quoi ajoutant le quart des bénéfices nets, calculés sur le premier dividende, 17 fr. 25 c., dis-

A reporter. . . 800,000 fr.

Report...	800,000 fr.
tribué pour 4 mois d'exploitation, soit 51 fr. 75 c. pour l'année, dont il faut déduire les 25 fr. représentant l'intérêt, ci, 26 fr. 75 c., ou pour 12,000 actions 321,000 fr. et, pour le quart, 80,250 fr. attribué au concessionnaire. Capitalisé à 5 pour cent, c'est.	1,605,000
au total 40 1/12 pour 100 valant.	2,405,000 fr.
Si le bénéfice de plus-value sur la vente des actions était compté au même taux sur les 12,000, la somme de cette plus-value s'élèverait à.	4,800,000
A quoi ajoutant le dividende pour l'époque où il sera partageable par tiers au bénéfice du concessionnaire, ce qui augmentera le produit d'un douzième, ci 107,000 fr., dividende annuel représentant en capital.	2,140,000
soit plus de 116 pour 100, ci. . . .	6,940,000 fr.

En ne prenant du fait qui précède que ce qui importe à notre question, nous voyons 1°. qu'un individu ou deux obtiennent concession ; 2°. que huit ou dix banquiers forment une Société financière ; 3°. qu'organisés en Société anonyme, ils distribuent des actions ; 4°. que ces actions peuvent être livrées par eux avec prime aux premiers actionnaires.

Dès lors il est évident qu'une Compagnie qui a une subvention ou une garantie de *minimum* d'intérêt à offrir à ses cliens, pourra leur faire acheter chèrement cette sûreté. Le secours apporté par le Gouvernement devient ainsi une charge pour les actionnaires ; car la somme des primes arrachées par l'agiotage peut dépasser de beaucoup le chiffre de la subvention.

Concluons donc que le ministre qui a amené les Compagnies à demander des concessions pures et simples a réellement agi dans l'intérêt du pays. Mais cette preuve de capacité et de prévision engage, à notre avis, le pouvoir à ne pas en rester là. Ces premiers intérêts assurés, il en reste d'autres qui méritent sa sollicitude. Nous voulons parler de ceux des actionnaires.

Nous aurions désiré que le ministre, avec la sagesse dont il a fait preuve, eût trouvé un moyen de faire parvenir à coup sûr à celui qui donne les fonds une garantie d'un *minimum* d'intérêt. De cette manière, l'esprit d'association eût produit, non quelques millions, mais plus d'un milliard, au besoin.

Cette garantie n'eût pas été superflue. Les paroles de M. le ministre des travaux publics, dans son exposé des motifs, le prouvent suffisamment : « Toutes les fois, dit-il, qu'*il y a* « *beaucoup d'inconnu* dans une question, c'est « au Gouvernement seul qu'il peut appartenir « d'*en courir les chances avec quelque sécu-* « *rité.* » Par une garantie de *minimum* d'intérêt 4 pour 100, le Gouvernement aurait couru des chances, telles qu'il les jugeait convenables, et ces chances étaient peu inquiétantes. D'ailleurs un fonds plus que suffisant pouvait recevoir immédiatement cette destination, puisque le ministre des finances, sans entrer dans le détail des moyens et des combinaisons qu'il jugeait convenable d'employer, avait dit qu'en partant de l'état actuel des choses, le trésor pouvait fournir annuellement de 30 à 40 millions pour les dépenses de chemins de fer.

Ce fonds, disons-nous, était plus que suffisant. Ajoutons que, dans la plupart des cas, la garantie n'aurait amené aucun sacrifice de la part du trésor, ainsi que M. Bartholony nous en offre la preuve dans la brochure remarquable qu'il a écrite pour les *concessionnaires*, et d'où nous extrayons les passages suivans :

La garantie que nous demandons pour les *actionnaires* est « *l'engagement contracté*, *pour un certain temps, de parfaire chaque année un intérêt de 4 pour 100 sur le montant des dépenses, dans le cas où les produits nets seraient inférieurs à ce revenu.* »

« Cette garantie ne commencerait à être exigible qu'à dater de l'achèvement des travaux; car, si l'État servait les intérêts auparavant, il serait exposé à les payer à des Compagnies qui, lors de l'exploitation, feraient des bénéfices égaux ou même supérieurs au *minimum* garanti. »

« Nous pensons qu'il faudrait stipuler cet engagement pour vingt-cinq ans, avec la condition d'en décharger l'État au bout de dix ans, si l'on n'avait pas eu besoin d'y recourir. Le chiffre de l'intérêt garanti serait fixé à 4 pour 100 l'an, dont 3 pour 100 seraient employés à servir les intérêts annuels, et 1 pour 100 à l'amortissement du capital. Par cet amortissement placé à intérêts composés, les actionnaires, au bout de vingt-cinq ans, se trouveraient remboursés des trois huitièmes environ de leurs mises de fonds. Notre combinaison ne les laisserait donc plus réellement exposés qu'à perdre les cinq huitièmes de leurs actions. »

« Cette combinaison nous paraît réunir tous les avantages : elle rassure les capitalistes contre les chances d'une perte entière, et en même temps elle ne grève le trésor que dans le cas où son appui deviendrait un acte de justice. En effet, si, contre toute probabilité, une Compagnie exécutante ne trouvait, en retour de ses efforts et de ses sacrifices, que la perte des sommes qu'elle aurait consacrées à cette tentative si favorable au pays, l'État ferait-il autre chose qu'un acte de justice en prévenant, par son intervention, un désastre complet? Certes, des capitalistes qui auraient, à leurs dépens, doté le pays de grandes lignes de chemins de fer, de ces voies de communication si puissamment favorables à sa prospérité, seraient dignes de toute la sollicitude du Gouvernement et de la reconnaissance de la nation. Or, la mesure que nous proposons, qui est toute de prévoyance, neutralise l'effet des chances les plus fâcheuses, en les rendant supportables pour tous. »

« Et qu'on ne croie pas que la garantie, telle que nous la demandons, puisse être très onéreuse à l'État; le sacrifice à faire par le Gouvernement n'est que *futur et éventuel.* »

« D'abord, si la Compagnie trouve dans son chemin de fer un produit de 4 pour 100, elle n'aura rien à réclamer du Gouvernement.

« Quoique 4 pour 100 soit bien le moindre produit qu'on doive espérer d'une entreprise industrielle, supposons qu'un chemin de fer, celui de Paris à la mer, dont les dépenses sont de 90 millions, ne rapporte que 3 pour 100. Dans notre système de complément d'intérêt, l'État paierait annuellement 1 pour 100, soit 900,000 fr. pendant vingt-cinq ans.

« Supposons encore qu'il ne produise que 2 pour 100 : l'État paierait 1,800,000 fr. pendant vingt-cinq ans.

«Supposons enfin un simple produit de 1 pour 100 : l'État paierait annuellement 3 pour 100, soit 2 millions sept cent mille francs pendant vingt-cinq ans.

« Mais prenons la moyenne de ces suppositions improbables, et admettons que le chemin rapporte 2 pour 100, ce qui serait un résultat bien désastreux : alors l'État ne paierait que 45 millions en vingt-cinq ans.»

La garantie d'un *minimum* d'intérêt est donc réellement un encouragement moral aux capitaux timides plus qu'une charge pour l'État. Cette assertion devient d'une évidence complète si l'on se rappelle dans quelle vaste proportion les tarifs peuvent se mouvoir : elle aurait en outre l'avantage de prouver à ceux qui ne veulent pas approfondir la question, que le Gouvernement a confiance dans l'avenir des chemins de fer, et cela serait on ne peut plus rassurant. Aucun individu, quelque riche qu'il soit en biens fonds, quelque garantie morale qu'il présente, n'a un crédit comparable au sien, puisque ses fonds à 3 pour 100 ont dépassé 80 fr.

Nous différons, avec M. Bartholony, non sur la garantie à donner, mais sur l'intérêt auquel cette garantie doit être offerte; et, pour nous résumer, nous disons :

1°. Le Gouvernement a fait acte de sagesse, en se laissant amener à la concession pure et simple, sans garantie d'argent envers les concessionnaires; il a compris les intérêts de l'État et du public, de manière à mériter leur reconnaissance;

2°. Ce premier service rendu au pays lui imposait l'obligation de chercher un moyen sûr de faire parvenir aux actionnaires, sans l'intermédiaire des concessionnaires, une garantie *minimum* de 4 pour cent des capitaux engagés;

3°. Avec une telle garantie, plus morale que pécuniaire, l'État eût assuré au réseau entier des chemins de fer plus de capitaux qu'ils n'en réclament;

4°. Nous reconnaissons que le moyen d'éviter les concessionnaires, en tendant la main aux actionnaires, est difficile à trouver.

Mais l'État n'ayant point obtenu la concession des chemins qu'il se proposait d'exécuter, a livré sans garantie d'argent la concession des deux grandes lignes de Paris à Orléans, et de Paris au Havre, à Rouen et à Dieppe. Il n'a pas réservé, pour les actionnaires, une aide, probablement inutile en réalité, mais qui eût été d'une grande influence.

Voilà la question telle quelle se présente ; étudions-la dans ses vrais élémens.

CHAPITRE II.

Quel est le mode de concession le plus favorable aux actionnaires ? — A qui, dans leurs intérêts, la concession doit-elle échoir ?

L'Angleterre et l'Amérique usent de la concession directe pour livrer les chemins de fer aux Compagnies. Ce précédent, de la part de deux nations avancées dans les choses de l'industrie, et douées au plus haut degré de l'esprit d'association, mérite sans doute par lui-même une attention sérieuse. Mais il est surtout important pour la question qui va nous occuper ; question neuve, car il est insolite, dans les entreprises industrielles, de rechercher ce qui peut être utile et profitable aux actionnaires.

Ils ont donné les fonds : leur mission est finie, dit-on ; et les scènes comiques, où la spoliation de l'actionnaire est la conséquence naturelle de sa coopération, sont, quant au fond, l'histoire exacte de beaucoup de Sociétés.

Cependant, nous qui voulons éclairer les actionnaires, nous ne pouvons passer sous silence le mode de concession dans ses rapports avec leurs intérêts.

De ce point de vue, est-il à désirer que les concessions soient directes ou accordées sur adjudication?

Pour répondre, il va nous suffire de faire passer sous les yeux du lecteur les raisons produites par les partisans de chaque système. Qu'elles aient ou non leur source dans le désir de démontrer la supériorité d'un mode sur l'autre, en principe; ou qu'elles soient produites en vue de l'intérêt privé, peu importe : elles nous seront toujours utiles, en nous conduisant à la solution que nous cherchons, et à d'autres, aussi importantes peut-être.

1°. *Parallèle des deux systèmes, de concession directe et d'adjudication, par M. le Ministre des travaux publics.*

On reproche au système de concession directe de favoriser l'arbitraire, d'ouvrir le champ aux manœuvres des intérêts privés, et par conséquent de compromettre la considération du Gouvernement; de ne pas garantir les intérêts de l'État et du public, en ce que l'on n'est point assuré que les conditions les plus favorables ont été obtenues, puisqu'il n'y a pas eu comparaison véritable entre les divers prétendans.

Que si l'on veut que le ministre n'accorde de concession qu'après avoir écouté les divers compétiteurs, on répond à cela que c'est s'exposer à tous les inconvéniens de l'adjudication sans profiter de ses avantages. Le plus souvent, en effet, aucun des enchérisseurs ne consent à faire connaître son dernier mot.

Si le ministre fait une concession dans cet état de choses, il s'expose à entendre la Compagnie qui a été repoussée déclarer qu'elle aurait pu faire des conditions plus favorables. Dans le cas, au contraire, où les enchérisseurs se seraient hasardés à donner leur dernière soumission, celui qui ne l'a pas emporté ne manque jamais de supposer que son offre a été communiquée à son compétiteur, et que c'est sur la communication qu'il en a eue que celui-ci a formulé la sienne.

Il est vrai que la concession permet de mieux examiner la capacité, la solvabilité et les intentions réelles des entrepreneurs, et de débattre avec eux les différentes clauses du cahier des charges une à une ; de telle sorte que rien n'est accepté que volontairement et en connaissance de cause, ce qui donne de grandes garanties pour la rapidité, la bonne exécution, et, ce qui est très important, pour l'achèvement des travaux.

Mais ces avantages ne se rencontrent guère

que dans les occasions où il ne se présente qu'une seule Compagnie.

Hors de là, les conditions finissent par être à peu près les mêmes pour tous les prétendans. Il devient difficile de décider sur leur capacité et sur leur solvabilité relatives ; et une telle décision fait peser une grande responsabilité sur l'administration, en même temps qu'elle l'expose à des inculpations fâcheuses.

Quant à l'adjudication, elle oblige d'admettre au concours des personnes qui n'ont point réellement en vue l'exécution des travaux dont il s'agit ; qui se proposent seulement d'obtenir une concession, soit pour la revendre en totalité à ceux qui voudront réellement exécuter l'entreprise, soit pour la débiter en actions, qu'elles espèrent placer avec bénéfice, à l'aide de manœuvres de bourse.

En ne poussant même pas les craintes aussi loin, l'adjudication met sur le même pied l'homme qui a la capacité et les capitaux nécessaires, et celui qui, n'étant pourvu ni de l'un ni de l'autre, s'engage de bonne foi, mais légèrement, dans une entreprise.

Dans ces deux cas, le bas prix de l'adjudication doit être plutôt considéré comme une perte, puisqu'il compromet l'opération en elle-même.

La condition du cautionnement n'est pas une

garantie suffisamment rassurante; car, moyennant une certaine balance à établir entre les chances à courir et les primes allouées, il est bien difficile qu'on ne parvienne pas à se le procurer; on le trouve même quelquefois seulement par l'espérance que les premiers bénéfices de bourse en couvriront l'avance.

En résumé, nul doute que la concession directe ne donne plus de garantie pour la bonne et complète exécution des travaux.

Mais elle ne permet pas de s'assurer aussi parfaitement qu'on a réussi à obtenir les conditions les plus favorables; elle expose le Gouvernement à des inculpations fâcheuses, et elle est d'une application difficile dans la pratique.

L'adjudication, au contraire, donne plus de garantie qu'on arrivera aux meilleures conditions que comporte l'entreprise, mais elle oblige d'admettre des personnes qui, évidemment, ne veulent ou ne peuvent exécuter l'entreprise proposée, et qui empirent encore leur position, en acceptant des rabais exagérés, ce qui compromet l'opération en elle-même, et par suite les intérêts du trésor, qui se trouve le plus souvent obligé de secourir ou de suppléer les premiers adjudicataires.

Quelques personnes ont proposé, comme remède, d'accorder au Gouvernement le droit de ne pas ratifier une adjudication, quand il aura lieu de penser que l'adjudicataire est incapable, ou s'est soumis à des conditions onéreuses, sauf à adjuger à un autre concurrent.

Mais il y a lieu d'observer que le droit de prononcer entre les soumissionnaires est précisément celui que l'on ne veut pas accorder à l'État, quand on repousse le mode de concession, et que lui-même se refusera à exercer ce mode par concession indirecte.

Il a tous les inconvéniens principaux de la concession proprement dite, et il s'exercerait dans des circonstances qui en rendraient l'application bien autrement difficile.

Les deux systèmes ont été soutenus et combattus à la tribune avec une grande vivacité, et il importe d'arriver à une appréciation véritable de leurs mérites relatifs, dans un moment où la création de chemins de fer fait surgir de toutes parts des projets, des prétentions et des rivalités

2°. *Défense de la concession directe, par M. Henri Fournel, ingénieur au corps royal des mines.*

L'intention de l'adjudication, c'est de placer plusieurs concurrens dans une position telle, qu'ils arrivent à offrir les meilleures conditions pour le public, c'est-à-dire celles où ils donneront le plus possible, en recevant la moindre somme possible, soit qu'il s'agisse de soumissionner un tarif fixe avec subvention au rabais, soit qu'il s'agisse de soumissionner le tarif lui-même pour les transports et le péage. En théorie, l'adjudication procure l'économie et écarte la faveur; car le magistrat est sans relation d'aucune espèce avec ceux qui se présentent: il reçoit publiquement des engagemens cachetés, les ouvre, lit, et le chiffre le plus bas est de plein droit admis. En théorie, les concurrens ont étudié l'affaire mise en adjudication, de manière à être parfaitement éclairés sur l'engagement qu'ils vont prendre, et le chiffre qu'ils ont signé ressort de longues études, de calculs bien positifs. En théorie, ces concurrens sont étrangers les uns aux autres, tous veulent sérieusement exécuter, et nul n'a déposé son cautionnement dans la pensée d'en tirer un profit illicite, en vendant, dans la salle même, sa renonciation à un projet auquel il n'a jamais songé, et en faisant payer cher des études qu'il n'a pas faites. La pratique a largement montré ce qu'il fallait croire de la vertu de ce moyen tant prôné, et la garantie comme la moralité du cautionnement peuvent aujourd'hui être appréciées à leur juste valeur. Quand la concurrence est sérieuse, la passion s'en mêle, et ceux qui désirent ardemment exécuter peuvent être entraînés à signer leur ruine ; le plus souvent la concurrence est factice, et c'est une véritable coalition qui se trouve en présence de l'autorité. Dans les deux cas, le mal porte plus tard et infailliblement sur le travail qu'il s'agit d'entreprendre ; le public paie les erreurs de la passion, c'est encore lui qui paie les bénéfices illégitimes de la fraude coalisée, c'est encore lui qui paie l'ignorance et ses faux calculs, la cupidité et les prétendues renonciations qu'elle vient consentir à prix d'or. Si n'était la crainte de toucher à certains noms propres et de nuire à quelques entreprises qui se sont déjà bien assez chargées de se décrier elles-mêmes, il ne me serait pas difficile de nommer et de citer ; mieux vaut s'abstenir, quoique je pense vraiment que ces ménagemens ont aussi leur tort. Ils apprennent à compter sur la politesse des gens, comme sur une garantie d'impunité pour ceux qui traitent l'industrie à l'égal d'un tripot, et les pères de famille confians, comme les numéros stupides d'une loterie sans moralité. En nuisant à la spéculation loyale, féconde, créatrice, telle que la pratiquent les financiers qui se respectent, l'adjudication ouvre la porte à deux battans aux croupiers qui empêchent l'accomplissement de magnifiques œuvres, parce qu'ils sèment l'inquiétude, la méfiance et la dérision ; là où la confiance montrerait les miracles du crédit. Enfin, et pour dernier trait, dans la supposition même où toutes les phases d'une adjudication publique s'accompliraient avec la candeur qu'a rêvée la théorie, ce mode offre encore un désavantage notable ; car, si cinq Compagnies, par exemple, se présentent sérieusement, consciencieusement, avec ces études approfondies, desquelles on extrait un chiffre sur lequel la prudence s'appuie, une seule Compagnie restera adjudicataire. Or, les frais toujours considérables de quatre études bien faites seront nécessairement perdus pour tout le monde. Comment peut-on réclamer de pareils moyens par raison d'économie ? Avons-nous donc trop de force pour la gaspiller ainsi dans la crainte d'une erreur ou même d'une faveur ?

L'erreur et la faveur, voilà les deux épouvantails devant lesquels reculent les méfians antagonistes de la concession directe. Ici l'administration traite avec un particulier ou avec une Compagnie qui cherche, sans aucun doute, à obtenir les conditions les plus favorables ; c'est à l'administration à débattre l'intérêt commun quant aux tarifs, à imposer, quant à l'exécution, toutes les clauses qui peuvent assurer un bon service, et à opter pour celui des concurrens qui offre, en même temps qu'un prix avantageux, les plus grandes garanties de moralité, de fortune personnelle ou de crédit, de talent pour conduire habilement une grande affaire, talent plus rare qu'on ne pense, et à défaut duquel tant de bonnes entreprises ont échoué. On voit comment, de ce mode, résulte un moyen puissant d'émulation. Le concessionnaire a le plus grand intérêt à bien exécuter, car il s'assure ainsi un titre à une concession nouvelle, s'il la désire ; il peut même faire qu'il y ait avantage à la lui donner à un prix légèrement plus élevé que l'offre de tel autre, qui n'a pas des antécédens aussi favorables. Maintenant, l'administration peut-elle se tromper dans l'appréciation de toutes ces qualités, dans la pondération de toutes ces circonstances qu'il faut mettre dans la balance? Sans aucun doute ; mais on raisonne toujours comme si ces traités étaient conclus dans l'ombre pour n'en jamais sortir, tandis qu'au contraire tous doivent être montrés au grand soleil de la publicité. Les Chambres ne sont-elles donc pas là pour rectifier une erreur, si elle a été commise ; ne sont-elles pas là pour refuser leur sanction au traité qui serait un acte de faiblesse envers un favori? Et croit-on, d'ailleurs, qu'un homme haut placé dans l'État compromette si facilement son nom et sa dignité, qu'à chacun de ses pas une chute soit à craindre ? Il semblerait, en vérité, à entendre certains esprits malades, qu'un homme habile et probe ne peut toucher le pouvoir sans devenir subitement maladroit et immoral.

Un administrateur, qui a occupé long-temps un poste élevé, un homme envers lequel les partis ont été souvent injustes, mais devant la sévère intégrité duquel les partis mêmes se sont inclinés, disait quelquefois en souriant : « L'adjudication est un oreiller fort commode « pour l'administration. » C'est qu'en effet elle lui permet de se reposer doucement sur le fait qui s'est accompli sans sa participation ; la force, ou plutôt la faiblesse du chiffre, a tout décidé ; personne n'a rien à reprocher à personne, pourvu qu'en un certain jour fixé, certaines formes voulues aient été symétriquement observées. Mais le soumissionnaire est un fripon ! Cela ne nous regarde pas. Mais il se ruine ! Tant pis pour lui. Dans chaque réponse que peut entraîner la théorie de l'adjudication, l'immoralité est flagrante, précisément parce que toute responsabilité est effacée, et qu'il y a toujours dommage pour la société à retirer les mobiles qui poussent au bien pour raison d'honneur. On peut affirmer que le poids d'une responsabilité est une force qui engendre la moralité.

Telles sont nos raisons de préférence pour la concession directe.

3°. *Défense de l'adjudication, par M. Castillon du Portail.*

La concession directe a, en France, le malheur d'exposer l'administration tout au moins à des soupçons de partialité, et le plus souvent à des reproches d'une nature plus grave, que l'on ne manque pas d'adresser à ses agens. Lors même que la concession est accordée par le pouvoir législatif, c'est toujours, peut-on dire, sur la proposition et le rapport de l'administration, et les mêmes allégations, les mêmes suspicions retombent encore en plein sur elle.

La concession directe a de plus le grand tort d'être faite sans publicité suffisante, et par conséquent sans enquêtes et investigations complètes, sans controverse réelle sur les directions, l'ensemble et les détails des projets, sans contrôle convenable de la part du pays et des intéressés, qui peuvent ainsi toujours croire à quelques faveurs, accordées au détriment des intérêts généraux.

La concession directe, telle qu'elle est en usage en France, éloigne d'ailleurs et repousse toute concurrence; elle laisse peser par conséquent une grande responsabilité sur le Gouvernement, sans offrir néanmoins au public aucune des grandes garanties qu'il est en droit d'exiger, alors qu'il s'agit de mesures aussi exorbitantes que l'expropriation forcée et autres moyens d'exécution qu'exige nécessairement une concession.

La concession par adjudication livre, au contraire, toute l'opération au grand jour de la publicité ; elle appelle tous les contrôles ; elle met en jeu tous les intérêts privés pour les faire agir dans l'intérêt général ; elle entraîne la controverse et la discussion plus approfondie de la chose et des améliorations dont elle est susceptible ; l'adjudication, enfin, amène la concurrence, et, à garanties égales d'ailleurs, elle procure le meilleur marché dans l'exécution. Lors même que le mode d'adjudication aurait quelques dangers dans certains cas, il nous sera facile de prouver qu'il n'en offre aucun lorsque la concurrence est convenablement établie ; et si ce mode présentait encore quelques inconvéniens, tels que celui de faire perdre un peu plus de temps par les délais qu'il exige, nous pensons que ces objections devraient s'effacer toutes devant l'honneur de l'administration, vers laquelle il importe tant en France de rappeler une juste considération et de ramener un respect depuis trop longtemps perdu.

M. Jules Séguin, dans son travail si remarquable *sur l'exécution des chemins de fer par l'industrie particulière*, dit bien que la concession directe est le régime de la corruption, de la partialité, de la dilapidation ; mais celui de l'adjudication, tel qu'il existe, lui paraît, non point un moyen d'obtenir la concurrence réelle, mais de provoquer une coalition des intérêts particuliers contre l'intérêt public ; en conséquence, il propose un nouveau mode.

Considérant que, de la discussion précédente, il résulte

1°. Que la concession directe a pour avantage d'ajouter la responsabilité morale du Gouvernement à celle des concessionnaires ;

2°. Que cette responsabilité, dans les questions de finance et de travaux publics, possède, *à elle seule*, une valeur plus grande que celle de beaucoup de concessionnaires réunis, dans l'état actuel de la législation ;

3°. Que les reproches possibles de partialité, d'arbitraire, de vénalité adressés au Gouvernement ne sont en définitive qu'une incitation de plus pour lui à la justice distributive la plus rigoureuse ;

4°. Que d'ailleurs la concession directe est le seul moyen qui permette d'apprécier la capacité, la solvabilité et les intentions des concessionnaires ;

5°. Que l'adjudication, en éloignant même la supposition de connivence entre les concurrens, donne accès à l'incapable, à l'insolvable, et par suite à l'agioteur et à l'exploitateur des actionnaires ;

6°. Que, dans l'adjudication, souvent la concurrence n'est que fictive et faite dans un but d'exploiter le public à l'avantage d'un intérêt privé ;

7°. Que l'adjudication ne pouvant avoir lieu qu'au rabais sur *le temps de la concession* ou sur *le taux des tarifs*, elle est, dans la disposition présente des esprits, une cause à peu près inévitable de ruine pour les actionnaires et pour l'entreprise ;

8°. Que le seul avantage de l'adjudication sincère (*le meilleur marché possible de la concession*) est, à cause de l'incertitude de nos connaissances sur les frais et les produits des chemins de fer, une chance de plus d'inexécution et de ruine :

Nous répondons à la première question : *Il est de l'intérêt des actionnaires que la concession soit directe*, et nous pouvons ajouter que l'intérêt public est en cela d'accord avec le leur.

Seconde question : Vaut-il mieux, pour les actionnaires, que *la concession directe soit accordée à une commission nommée par eux et prise dans leur sein*, ou bien est-il préférable qu'*ils reçoivent leurs actions de banquiers intermédiaires* ?

Pour beaucoup de personnes, l'exclusion des banquiers va d'elle-même; leur antipathie pour cette classe, dont l'avidité et l'intérêt personnel sont trop souvent l'unique mobile, les porte à l'éloigner de toute association honnête et laborieuse. Mais, devant des questions de cette importance, l'antipathie doit se taire et imposer à chacun la défiance de son propre jugement, la préoccupation plus pressante de la justice et de la vérité, et par conséquent la nécessité d'études approfondies et consciencieuses.

En remontant aux causes qui ont introduit les banquiers dans les grandes affaires de finance, pour l'État ou les Compagnies, affaires où ils ont paru comme bailleurs de fonds ou comme intermédiaires, nous voyons que leur mission était de fournir ou de trouver sous leur garantie les capitaux nécessaires : leur crédit, leurs relations, leurs propres ressources les ont mis à même d'offrir à l'État et aux Compagnies une promptitude et une sécurité impossibles sans eux ; ces services, quoique payés chèrement, ne doivent pas être oubliés. Mais on insiste et l'on dit : Quelle est l'utilité des banquiers concessionnaires dans les affaires où les capitaux viennent d'eux-mêmes? dans les chemins de fer, par exemple?

« L'État, dit M. Séguin, demande aux Chambres de l'autoriser à concéder l'exploitation de plusieurs chemins de fer à diverses Compagnies, et, en particulier, celle du chemin de Paris au Havre, réclamée par une Compagnie composée de MM. Roy, Aguado, Delamarre, etc.

« MM. Aguado, Roy, Humann, Delamarre soumissionnent une entreprise de 90 millions. A quel titre?

« M. Aguado a-t-il le projet d'aliéner son fief et d'apporter encore à la Bourse quelques uns de ses châteaux en Espagne? — M. Roy vend-il ses magnifiques domaines pour les transformer en rails et en terrassemens? — M. Delamarre va-t-il réaliser en écus son petit papier de billon?

« Personne ne le croira. Ces messieurs auront seulement la bonté d'ouvrir leur caisse pour recevoir l'argent du public; en d'autres termes, ils prêtent leur crédit à l'entreprise, au public, c'est-à-dire à l'État.

« Est-ce que l'État a besoin de ce crédit? Tout grand et tout sûr qu'il soit, est-ce que le sien n'est pas plus sûr encore et plus grand? Est-ce qu'il n'est pas aujourd'hui la première fortune financière?

« Ces messieurs n'apportent pas un centime, ni une valeur quelconque dans l'entreprise. Qu'apportent-ils donc?

« Encore une fois rien, qu'une grande caisse

vide, que le public sera invité à remplir, en leur laissant le droit de prélever une dîme grasse sur ce qu'il y jettera. »

Il est bien vrai que, dans le cas particulier choisi par M. Séguin, le rôle des banquiers pourra se borner à ce qu'il le fait; car les capitaux viennent d'eux-mêmes : les souscriptions préparatoires ouvertes chez ces messieurs, et pour d'autres Compagnies, chez M. Lafitte, comme *dépositaire*, semblent le prouver.

Là, et dans quelques autres lignes de chemins de fer, l'intervention des capitalistes est au moins inutile, pour les actionnaires.

Aussi, si nous nous bornions à ce point de vue de la question, et à ce fait unique, nous dirions : *Il est de l'intérêt des actionnaires que la concession directe leur soit accordée sans l'entremise des banquiers.*

Mais est-il permis de s'abstraire à ce point du passé et de l'avenir ?

Dans le passé, nous voyons que les grands capitalistes ont attiré les premiers, en France, la confiance sur les chemins de fer; que, par leur influence sur la presse, sur la Bourse et dans le pays, ils ont contribué à faire naître l'empressement qui se manifeste de toutes parts pour ces nouvelles voies de communication. Ils ont donc été utiles, même aux actionnaires.

D'un autre côté, si l'on envisage l'avenir, et qu'on suppose la concession de quatre à cinq lignes principales faite à des Compagnies sans l'intermédiaire des banquiers, que deviennent les autres lignes qui inspirent moins de confiance? Qui trouvera des actionnaires pour les entreprendre? Ces banquiers, inutiles et peut-être nuisibles aujourd'hui, ne peuvent-ils pas devenir nécessaires demain? Et ces lignes, moins heureusement partagées, ne peuvent-elles pas encore, avec une bonne administration et des tarifs plus élevés, avoir des chances de succès?

Mais ce n'est encore là qu'un côté de la question : il reste à apprécier ce qu'exige la responsabilité du Gouvernement. Puisque, dans le mode de concession directe, préférable pour les actionnaires, il assume une responsabilité morale, il a besoin d'une garantie. Eh bien! aucune réunion d'actionnaires ne peut lui en offrir une aussi solide que les banquiers. Plusieurs fois il a éprouvé leur crédit et leurs ressources; il sait, par sa propre expérience, que ces trois ou quatre noms mis en tête d'une concession réaliseraient au besoin le montant de la concession.

Concluons donc que l'exclusion absolue des banquiers de l'exécution de nos chemins de fer serait un acte imprudent et injuste.

Mais reconnaissons que, dans l'intérêt des actionnaires, il eût mieux valu, pour les cas particuliers où les capitaux abondent, que les actionnaires eussent été concessionnaires, puisqu'ils auraient eu au pair des actions qu'ils n'obtiendront peut-être qu'à la condition de payer une prime élevée.

Toutefois, les inconvéniens graves qui résultent pour les actionnaires de la nécessité que nous signalons iront s'affaiblissant à mesure que de nouvelles concessions agrandiront le réseau des chemins de fer. En effet, si l'on comprend que les grandes positions financières puissent, par leur nom, leur crédit et les ressources dont elles disposent, produire une hausse considérable sur des valeurs de 60 à 80 millions; si l'on comprend que, suivant leur propre intérêt, elles la maintiennent plus ou moins long-temps, on comprend aussi qu'à mesure que la masse des actions s'accroît, il devient plus difficile de la mouvoir, et qu'il arrive un point où les plus riches maisons n'essaieraient pas un mouvement factice en hausse ou en baisse, sans jouer leur existence.

Résumons cette discussion :

1°. Il est dans l'intérêt des actionnaires que le Gouvernement leur accorde la concession sans intermédiaires, toutes les fois que le soin de sa responsabilité le lui permet;

2°. Aucun intermédiaire n'est préférable pour eux aux banquiers, aux hommes pour qui le soin de leur propre dignité, leurs intérêts bien entendus sont un frein suffisant ;

3°. L'intérêt des actionnaires et la justice font un devoir au Gouvernement de chercher le moyen le plus efficace d'empêcher les banquiers de trafiquer, sans peine et avec la certitude de gros bénéfices, du produit du travail des autres.

Il est d'ailleurs à regretter qu'il n'ait pas été possible, cette année même, en accordant deux grandes lignes aux banquiers, d'en confier une troisième à une Compagnie d'actionnaires, et une quatrième (celle de la Belgique, par exemple) au Gouvernement. Les faits de cette triple concurrence auraient été instructifs pour le public.

A ce point de notre travail, les *actionnaires sérieux* connaissent déjà la position qu'ils acceptent dans les entreprises concédées; ils voient ce que le Gouvernement a fait, ce qu'il aurait pu faire dans leur intérêt, et ils savent que, considérés d'une manière absolue, sous le rapport scientifique et industriel, les chemins de fer leur offrent les plus grandes chances de prospérité. Continuons d'examiner les différens élémens qui, en modifiant leurs espérances, doivent les accroître ou les restreindre. Le chapitre suivant, qui présente des résultats accomplis, est un terme de comparaison sur lequel nous ne pouvons trop appeler leur attention, pour l'appréciation des faits qui viendront ensuite.

CHAPITRE III.

Appréciation des documens relatifs aux chemins de fer des États-Unis, de l'Angleterre et de la Belgique, pour l'exécution et l'exploitation de ceux de la France.

Au point où se trouve aujourd'hui la question des chemins de fer en France, bien des considérations importantes de finances, de douanes, de stratégie, de politique, de morale, sont forcément écartées; un entraînement presqu'universel porte à les exécuter. On ne voit que ce fait, qu'un chemin de fer habilement tracé a pour résultat, dans l'état présent de la science mécanique, de réduire des neuf dixièmes le frottement à vaincre sur une bonne route, de procurer une vitesse de dix lieues à l'heure, de diminuer de moitié le prix des transports des personnes et des marchandises, et de changer en plaisir les fatigues des voyages. On ne va pas au-delà, on est impatient de jouir de tant d'avantages. D'ailleurs, l'exemple de plusieurs autres peuples stimule; on ne veut pas rester en arrière. Enfin, soit à tort, soit à raison, l'opinion que l'exécution des chemins de fer et leur exploitation sont une source de richesses appelle de toutes parts les capitaux. L'instinct coalisé des producteurs et des consommateurs est désormais irrésistible.

Lors donc que de nous-même nous ne serions pas porté à mettre en tête de notre ouvrage la question que nous nous sommes posée d'abord, nous y serions amené par la disposition des esprits ; la raison et l'observation la plus superficielle nous en feraient un devoir.

Y a-t-il opportunité, nécessité pour les communications, à établir des chemins de fer ? Tout le monde en tirera-t-il profit ? Des intérêts particuliers ne recevront-ils pas de leur établissement les atteintes les plus graves ? Les Gouvernemens qui en favorisent l'exécution auront-ils à s'en louer ? Quel sera leur influence définitive sur les mœurs, les usages, les habitudes des peuples ?... Ces questions et mille autres sont aujourd'hui oiseuses et sans objet : personne n'en veut connaître la solution.

On est à l'ouvrage, et les chemins se font : diverses lignes ont été concédées à des Compagnies pour des sommes dont l'ensemble excède 200,000,000 fr. ; une foule d'individus ont engagé une partie de leur fortune dans cette grande entreprise.

Sera-t-elle onéreuse ou profitable à ceux qui en font les frais ?

Les résultats obtenus dans les autres pays

sont un terme de comparaison important pour répondre à cette question.

L'Amérique, l'Angleterre et la Belgique ont construit de grandes lignes de chemins de fer; ces pays ont acheté plus ou moins chèrement une expérience que nous pouvons mettre à profit : le prix de revient et les produits de leurs travaux sont à considérer avant tout.

Qu'on ne s'imagine pas toutefois que les connaissances acquises dans cette étude puissent à elles seules nous renseigner complétement sur la question financière des mêmes travaux en France; elles ne nous fourniront que des aperçus auxquels devront se joindre d'autres données.

Une première considération permet d'apprécier à leur juste valeur les documens que nous puiserons à cette source :

En Angleterre, le prix moyen d'une lieue de chemin de fer s'élève à *deux millions et demi* environ, sur les principales lignes;

Aux États-Unis, il s'élève à *deux cent cinquante mille francs*;

En Belgique, à *cinq cent mille francs*;

Et ces chiffres, d'une exactitude parfaite, font voir que l'argent dépensé pour une lieue de chemin en Angleterre peut servir à en construire dix lieues en Amérique et cinq en Belgique.

Ces différences énormes entre les frais de premier établissement d'une même étendue de chemin de fer dans les trois pays cités trouvent cependant en partie leur explication dans la différence des conditions d'exécution.

Un hectare de terre (deux arpens environ) coûte en Amérique de 100 à 400 fr.; en Angleterre, sur beaucoup de points, la même étendue revient à 10, à 20, à 100,000 fr. En Angleterre, la plupart des chemins sont à grande vitesse, d'où résulte la nécessité de tracés à pentes très faibles, de courbes d'un grand rayon, conditions qui entraînent des terrassemens considérables, la construction de souterrains, etc., et par suite la dépense de plusieurs millions sur une petite étendue de terrain; en Amérique, les chemins sont construits pour un parcours de quatre à six lieues à l'heure sur beaucoup de points. Les courbes de moindre rayon, les pentes plus fortes et la disposition naturelle du sol, établissent en moyenne une dépense moindre, pour ce dernier pays, de six à neuf dixièmes. En Angleterre, la multiplicité des routes que le chemin de fer traverse, au moyen de viaducs pratiqués en dessus ou en dessous des communications existantes, est une occasion de dépense qui n'existe pas, pour ainsi dire, en Amérique, et dont la Belgique s'est affranchie en faisant traverser les routes de niveau par les chemins de fer. En Angleterre, les bois sont à un prix élevé; en Amérique, ils sont à vil prix. — Ce parallèle, qu'il est inutile de continuer, fait comprendre les différences de frais de premier établissement que nous avons signalées.

Si nous n'avions à nous éclairer que sur le prix de revient de nos chemins, des données aussi dissemblables seraient plus propres à obscurcir la question qu'à l'éclaircir; mais le rapprochement de la dépense et de la recette, du revient et du produit des divers chemins étrangers, nous sera éminemment utile, quelles que soient d'ailleurs leurs différences.

Angleterre. — Au commencement de 1838, l'Angleterre avait terminé quatorze chemins, dont l'étendue était de cent soixante-quinze lieues et demie; elle construisait six autres voies d'un parcours, ensemble, de cent trente-huit lieues et demie, et le zèle ne se ralentissait pas.

Des routes achevées, une seule (celle de Birmingham à Manchester et Liverpool) avait plus de trente lieues (trente-trois); deux, vingt et vingt-quatre lieues; cinq, de dix à vingt; enfin six, de deux à huit lieues. On voit que onze routes sur quatorze étaient de peu d'étendue, chose à remarquer! car le prix de revient, d'entretien et de locomotion d'un chemin court est, toutes choses égales d'ailleurs, plus élevé que celui d'un chemin plus étendu.

Lors donc qu'on a donné pour moyenne des produits obtenus en Angleterre sur les chemins de fer le chiffre 3 pour cent, on n'a présenté qu'un résultat mal déterminé et presque insignifiant.

Les chemins de Liverpool à Manchester (treize lieues), de Birmingham à Manchester et Liverpool (trente-trois lieues), de Londres à Birmingham (quarante-quatre lieues), qui ont servi de modèles à nos ingénieurs des ponts et chaussées pour établir le système de construction des chemins que nous allons exécuter, et pour baser leurs estimations, pourraient nous fournir les points de comparaison les plus exacts. Mais les deux derniers n'ont point encore donné de produits; car celui de Londres à Birmingham s'achève, il reviendra à 2,555,000 fr. la lieue; celui de Birmingham à Manchester et Liverpool, livré à la circulation depuis peu de temps, n'a pas été encore assez pratiqué, il a coûté 50,000,000 fr., un peu plus de 1,500,000 fr. la lieue. Nous n'avons donc réellement de données positives que sur le *chemin de Liverpool à Manchester*, en activité depuis huit années. Servons-nous avec réserve de ces données :

1°. L'étendue de ce chemin, y compris le

nouveau tunnel qui pénètre au cœur de Liverpool, est de treize lieues;

2°. 33,500,000 fr. avaient été dépensés pour sa construction et ses améliorations successives au mois de juillet 1837; ce qui porte le prix de la lieue à 2,577,000 fr. (ouvrage de M. Chevalier). — M. le comte Pillet-Will avait évalué antérieurement la lieue de ce chemin à 2,600,000.

3°. Le tarif moyen perçu dans les trois années comprises entre le 1er juillet 1831 et le 30 juin 1834, pour les voyageurs et les marchandises, s'établit ainsi, d'après les comptes officiels de l'entreprise :

Tarif moyen :

	Par ton. de marchan.	Par voyageur.
du 1er juillet au 31 décembre 1831......	10 s. 7 d. 1/2	4 s. 6 d. 1/2
du 1er janvier au 30 juin 1832..............	10 6	4 7 1/4
du 1er juillet au 31 décembre 1832........	9 10 1/4	4 8 1/2
du 1er janvier au 30 juin 1833............	9 11	5 1 3/4
du 1er juillet au 31 décembre 1833........	9 8 1/2	5 1 1/4
du 1er janvier au 30 juin 1834............	9 4 1/2	5 0 1/2
Tarif moyen.......	10	4 10 1/3
Soit, en francs.....	12 fr. 60 c.	6 fr. 12 c.

Ces chiffres appliqués à une distance de 49,476 mètres (le tonneau anglais étant de 1,015 kil. 6), représentent

un tarif de.... 25 c. par 1,000 kilog. et par kilom.
12, 4 par voyageur et par kilom.

4°. Les dividendes touchés par les actionnaires ont été :

en 1831 — 9 pour 100.
en 1832 — 8,40.
en 1833 — 8,14.
en 1834 — 9
en 1835 — 9,10.

Il avait été prélevé sur les bénéfices un fonds de réserve de 10 pour 100.

Ces résultats, déjà très satisfaisans, ne font pas néanmoins connaître toute la réalité, parce que les entrepreneurs sont conduits, pour éviter l'abaissement des tarifs, à dissimuler la partie des produits qui excède 10 pour 100. En Angleterre, une clause de presque tous les actes qui autorisent les entreprises avec péages, obligeant les concessionnaires à abaisser les tarifs lorsque le dividende dépasse 10 pour 100, ceux-ci ont soin de dépenser le bénéfice qui excède la limite en améliorations qui donnent de la valeur à la concession première : ainsi, sur le chemin de Liverpool à Manchester, nous constatons la construction toute récente du tunnel qui conduit les voyageurs jusqu'au centre de Liverpool.

Ces faits constans tendent encore à prouver l'inexactitude du chiffre 3 pour 100, donné comme moyenne absolue du produit des chemins de fer de la Grande-Bretagne.

Allons-nous, sur de tels résultats, fort beaux assurément, pousser les capitalistes, grands et petits, à jeter leur fortune inconsidérément dans les entreprises des chemins de fer de la France? Non, certainement; car, nous l'avons dit, entre les chemins de fer d'Angleterre et les nôtres, il n'y a point identité, il y a même une grande différence sous beaucoup de rapports. De plus, la suite de ce travail prouvera que les restrictions et les exigences de notre Gouvernement ont apporté, en plus d'un point, à la prospérité future de cette industrie des entraves qui n'existent pas dans les autres pays. Mais, s'il faut éviter l'entraînement aveugle dans les affaires de cette importance, il n'est pas moins nécessaire de se garantir des craintes sans fondement, des inquiétudes irréfléchies. Ainsi, puisque d'une part les charges imposées aux entrepreneurs français par le Gouvernement sont plus lourdes; puisque, d'autre part, comme on se l'imagine généralement, le chemin de Liverpool à Manchester est dans une position exceptionnelle de succès, qu'aucun de nos tracés ne présente, on pourrait, sur ce premier aperçu, refuser de s'engager.

On aurait tort cependant ; car, 1°. le chemin de Liverpool à Manchester est en concurrence avec un canal qui transporte les marchandises en quinze heures, et à 2 fr. 50 cent. de moins par tonneau ; 2°. il n'a de recette possible qu'à ses deux extrémités ; 3°. les 740,000 tonnes de marchandises qu'il reçoit chaque année, malgré la concurrence, ne sont pas une source de bénéfices aussi considérables qu'on pourrait se l'imaginer ; car on lit dans le Compte-rendu de l'administration du chemin en 1835, que les recettes brutes se sont élevées, pour 1,200,434 voyageurs, à 7,338,064 fr., ou 6 fr. par voyageur. En comparant de même les recettes brutes provenant du transport des marchandises (5,858,542 fr.), au nombre de tonnes (740,744), on trouve une recette brute de 6 fr. par tonne transportée ; c'est-à-dire qu'un voyageur, qui pèse 70 à 80 kilogrammes, rapporte autant (recette brute) à la Compagnie qu'une tonne, qui en pèse 1,000. Or, les frais d'entretien devant être proportionnels aux poids, la recette nette, dans le premier cas, doit être bien supérieure à ce qu'elle est dans le second. On voit en effet, en décomposant le chiffre du revenu net du chemin de Liverpool en deux parties, l'une provenant des voyageurs, l'autre des marchandises, que les voyageurs ont produit, dans la même année,

4,402,829 fr., et les marchandises, seulement 895,943 fr. : d'où il résulte que la dépense du service des marchandises est environ 80 pour 100 de la recette brute, tandis que celle du service des voyageurs est seulement 60 pour 100 (1). — Sur le chemin de fer de Saint-Étienne, les dépenses du transport des marchandises absorbent 83 pour 100 de la recette brute, et les voyageurs 56 pour 100.

Le chemin de Manchester à Liverpool n'est donc pas dans des conditions exceptionnelles de succès : *le transport des marchandises, son peu d'étendue, la concurrence d'un canal le placent dans des conditions moyennes.*

Actionnaires des chemins de fer de France, méditez ces faits !... Ils ont paru tellement graves à plusieurs bons esprits, que l'avantage du *transport des marchandises* par les chemins de fer a été pour eux, dans l'état actuel de la science, une question problématique.

Belgique. — Au premier mai 1834, une loi autorise le Gouvernement belge à exécuter, au frais du trésor, les principales lignes de chemin de fer. Le 1er juin suivant, le travail commence, et, au 1er janvier 1838, moins

(1) Extrait des procès-verbaux de la commission d'enquête.

de quatre ans après, huit sections sont achevées : les chemins de Malines à Bruxelles (cinq lieues trois quarts), à Anvers (six lieues), à Termonde (six lieues trois quarts), à Louvain (six lieues) ; de Termonde à Gand (sept lieues) ; de Louvain à Tirlemont (quatre lieues trois quarts) ; de Tirlemont à Wareme (six lieues un quart) ; de Wareme à Ans (cinq lieues) ; en tout : quarante-sept lieues.

Les faits accomplis en Belgique sont pour nous d'une plus grande valeur que ceux qu'on pourrait recueillir en tout autre pays, parce que nous pouvons les connaître plus exactement, parce que la nature de plusieurs dépenses de premier établissement est à peu près la même en Belgique et en France, parce que l'intimité des deux nations permet de trouver auprès des ingénieurs belges toutes les lumières désirables.

Trente-cinq lieues trois quarts, dans les lignes en activité, reviennent, matériel compris, à 17,500,000 fr. ; ce qui porte le prix de la lieue à 500,000 fr. Il est vrai que les chemins de fer belges ne sont encore, presque partout, qu'à une voie (*M. Chevalier*). De plus, dans les dernières discussions à la Chambre, le directeur-général, M. Legrand, s'éclairant des documens puisés auprès du Gouvernement belge, dit : « Entre Louvain et Liége, les hauteurs de déblais et de remblais sont de 15 à 20 mètres, la montagne est percée par un souterrain, toutes les communications rencontrées sont coupées par des ponts; en un mot, le problème des chemins de fer s'y présente avec toutes ses difficultés et toutes ses chances. Eh bien! ce chemin à deux voies, dans les circonstances dont je viens de parler, de remblais et de déblais considérables, avec les communications franchies, soit au-dessus, soit au-dessous, par des ponts en maçonnerie, avec un souterrain de 1000 mètres, n'aura coûté que 672,000 *fr. par lieue de* 4000 *mètres.* »

Ces prix de revient sont, on le voit, de beaucoup inférieurs à ceux de l'Angleterre. Les travaux, pourtant, ont été établis avec une certaine solidité, puisque les notes fournies par l'ingénieur directeur des chemins belges constatent que les dépenses annuelles du chemin de fer de Bruxelles à Anvers et de Gand à Liége ne dépassent pas, pour *le personnel d'administration, l'entretien des terrassemens, ouvrages d'art, entretien des railways, renouvellement des ornières, des coussinets, des billes, et le personnel des cantonniers, garde-barrières, etc.*, savoir :

1°. pour le kilomètre à simple voie. 3,600 fr.
2°. pour le kilomètre à double voie. 5,100;

ce qui fait 14,400 fr. par lieue de 4,000 mètres

à une voie, et 20,400 fr. par lieue à deux voies. (M. Legrand.)

La fixation des tarifs sur les chemins exécutés par l'État a eu lieu, sur le chemin de fer d'Anvers à Bruxelles, de la manière suivante :

1res Places.	Berlines	40 c.		
2es *id.*	Diligences	34 c.		
3es *id.*	Chars-à-bancs	22 c. 1/2		Moyenne 27 c. 1/2
4es *id.*	Wagons	13 c. 1/2		

Malgré cette fixation des tarifs, de beaucoup trop faible, cette ligne a donné jusqu'à 16 1/2 pour 100; mais ce résultat passager, dû à la nouveauté de l'œuvre, ne peut pas plus servir de base que l'accroissement du nombre des voyageurs, qui en a été la cause : au lieu d'environ 75,000 voyageurs par an, ce chemin en avait reçu 541,129 en huit mois. Celui de Bruxelles à Malines produisit, la première année, un revenu de 8 pour 100.

Il ne faudrait pas se hâter de tirer des conclusions de tels résultats. Les faits accomplis du 1er janvier au 30 septembre 1837 (9 mois), nous obligeraient à faire une correction. En effet, dans cet espace de temps, les recettes des chemins de fer belges se sont élevées à la somme de 926,734 fr.; les dépenses d'entretien et d'exploitation, à 623,963 fr., et le nombre total des voyageurs, pour le même intervalle, à 963,426 fr. De tels résultats donnent, pour l'an-

née, la prévision, dans l'hypothèse la plus favorable, d'un revenu de 5 pour 100 pour 1837. Or, ce revenu constituerait une Compagnie en perte, et serait de nature à dégoûter d'entreprises de même espèce, surtout si l'on considère les conditions favorables de premier établissement en Belgique. Mais il faut voir cette position dans sa réalité, en rechercher la cause, bien facile à trouver : *l'exiguité des tarifs*. En effet, ils sont encore inférieurs, dans leur ensemble, à celui d'Anvers à Bruxelles, puisqu'ils offrent des premières à . . 32 c. — »
des secondes à. . . . 30 — »
des diligences à. . . 27 et 20
des chars-à-bancs à. 18 — »
des wagons à. . . . . 11 — »
ce qui donne une moyenne de 23 c. par lieue, hors de proportion avec le prix des autres transports, et aussi avec les frais de toute espèce. Enfin, pour être tout-à-fait dans le vrai, il faut encore faire une réduction sur cette moyenne; car toutes les places ne sont pas occupées à chaque voyage, ni également recherchées; on préfère celles qui sont au plus bas prix : d'où il résulte que la moyenne des places réellement occupées est abaissée, pour la recette, de 12 à 15 centimes.

La conclusion à tirer de ces faits, c'est que le Gouvernement belge devra élever ses tarifs; et une autre, c'est que des Compagnies qui en accepteraient en France de pareils, en exécutant au même prix, marcheraient à leur ruine. Nous aurons plus tard la démonstration de ce que nous avançons ici sur la France, des faits positifs nous empêchant de tirer de la Belgique des conclusions rigoureusement applicables à notre pays. Reconnaissons donc, avec M. le ministre des travaux publics, que, ni dans l'un ni dans l'autre des pays étudiés jusqu'ici, l'expérience n'est assez complète, assez longue, et surtout faite dans des conditions assez analogues à celles que présente la France, pour qu'il en soit encore sorti, d'une manière évidente, des formules générales, applicables directement aux difficultés que nous allons aborder.

Amérique. — Des travaux immenses ont été entrepris et exécutés en Amérique depuis une vingtaine d'années : 1,465 lieues de canaux ; 906 lieues trois quarts de chemins de fer ont changé en si peu de temps la face de ce continent. L'intelligence et l'activité des Américains peuvent ici servir de modèle aux vieux peuples de notre Europe. L'économie des frais de premier établissement, pour les chemins de fer, est surtout remarquable, puisqu'en moyenne ils reviennent à 253,000 fr. la lieue. Mais ces résultats du Nouveau-Monde sont, moins encore que ceux étudiés jusqu'ici, applicables aux travaux de notre pays ; car les données du problème à résoudre offrent moins d'analogie. Prix des terrains, prix des terrassemens, prix de la main-d'œuvre, du fer, de la houille, du bois, tout diffère ; aucun rapport entre le nombre des voyageurs et la quantité des marchandises transportées ; la population, clair-semée en Amérique, est très rapprochée en Angleterre, en Belgique et en France. Et d'ailleurs nous ne connaissons encore, d'une manière positive, aucun résultat financier de ces vastes entreprises. L'excellent ouvrage de M. Tell Poussin ne dit pas un mot de ce qu'elles ont pu produire. Nous voyons bien clairement, il est vrai, que les chemins de fer de l'Amérique ne répondent pas aux mêmes besoins que les nôtres ; ils sont offerts surtout à la classe aisée, agricole, industrielle et manufacturière ; ils ne comptent pas sur ces nuées de voyageurs de toute classe qui fréquentent les chemins de la Belgique. La fixation des tarifs en fait foi : elle est, sur le chemin de Baltimore à l'Ohio, de 40 c. par lieue ; sur celui d'Albany à Schenectady, de 65 c. ; sur celui de Charlestown à Augusta, de 66 c., et en général elle dépasse 40 c. Cette vérité devient évidente, si l'on rapproche les frais de premier établissement, de tarifs proportionnellement si élevés.

En définitive, les renseignemens que nous possédons sur l'Amérique sont à tel point insuffisans qu'ils ne peuvent nous servir à répondre, *même pour ce dernier pays*, à la question que nous nous sommes posée pour la France : Le placement des fonds sur les chemins de fer est-il une bonne spéculation? et cependant ces chemins existent en Amérique!... nous adopterions *à peu près* l'opinion de M. le ministre des travaux publics.

« En ce qui touche l'Amérique, la prudence, même la plus vulgaire, défend de tirer des conclusions de ce qui s'est fait en ce pays, puisqu'il est vrai de dire que tout jugement doit être suspendu jusqu'à ce qu'il soit complétement sorti de la crise commerciale qui le bouleversait il y a peu de jours.

« Quand une liquidation générale aura fait ressortir le résultat définitif des immenses opérations où l'Amérique s'était engagée, quand on saura ce qui aura péri ou survécu des gigantesques travaux qui avaient été entrepris, on pourra invoquer le témoignage des États-Unis sur les diverses questions que fait naître l'exécution des chemins de fer. »

En disant que nous adopterions *à peu près* l'opinion de M. le ministre sur le peu de valeur des documens fournis par l'Amérique, nous faisons cette réserve, parce qu'il nous semble que quelques résultats importans sont définitivement acquis, par l'expérience de l'Amérique, à l'industrie des chemins de fer : 1°. Il a été possible d'établir le chemin de fer de Frédériksburg à Richmond, de vingt-trois lieues trois quarts, à raison de 164,200 fr. la lieue de 4000 mètres; celui de Petersburg au Roanoke (vingt-quatre lieues), à raison de 144,600 fr. la lieue; l'embranchement de Belfield (six lieues), à raison de 140,000 fr. la lieue; le chemin de Norfolk à Weldon (trente et une lieues), à raison de 129,000 fr. la lieue; celui de Charlestown à Augusta (cinquante-quatre lieues), à raison de 160,900 fr. etc.; en général, plus de neuf cents lieues de chemin de fer, pour un prix moyen de 250,000 fr. la lieue; 2°. des chemins établis à ce prix ont pu porter, avec une vitesse de 4 à 6 lieues à l'heure, des wagons chargés de voyageurs; 3°. en se reportant aux documens fournis par MM. Poussin et Chevalier, ils offrent pour la sûreté des voyageurs toutes les garanties désirables dans l'état actuel des connaissances.

Rapprochement et conclusions. Le chemin de Liverpool à Manchester, avec des tarifs d'un franc par tonne et par lieue pour les marchandises, dépense 80 pour 100 de la recette brute à l'entretien de la voie. Sur 5,858,542 fr. de recette brute, il n'obtient en bénéfice net que 895,943 fr. On voit que, si ce chemin ne transportait que des marchandises, il ne pourrait se soutenir.

Ce même chemin, réduit comme le chemin de Saint-Étienne à un tarif de 40 à 50 centimes pour les marchandises par tonne et par lieue, en supposant que les tarifs pour les voyageurs restassent les mêmes, verrait les grands bénéfices faits sur les voyageurs absorbés par la perte sur le transport des marchandises, et il serait presque ramené au même état que celui de Saint-Étienne à Lyon, qui se soutient difficilement. Cette analogie des résultats, lorsque les conditions deviennent à peu près les mêmes, donne de la valeur aux faits observés dans les deux cas.

Ce qui arrive à la Belgique est encore d'un grand intérêt, et vient appuyer les résultats précédens : avec des tarifs évidemment trop faibles, en ne transportant que des voyageurs, elle parvient, passagèrement il est vrai, à des bénéfices de 16 pour 100.

Entre les chemins de fer de l'Angleterre, à 2,500,000 fr. la lieue, et ceux de l'Amérique, à 250,000 fr. la lieue, indépendamment d'une différence réelle dans le prix des matériaux, il en existe une très grande dans la nature même des constructions : ceux de l'Angleterre sont de structure monumentale et d'une grande solidité dans la base ; ceux de l'Amérique, beaucoup plus simples, ne présentent qu'un degré de résistance inférieur, et promettent une moindre durée.

Cette différence dans le mode de structure et dans les frais de premier établissement couvre une question toute vitale : pour les chemins de fer en particulier, vaut-il mieux, à dépense double, triple, quadruple, etc., de premier établissement, assurer une grande solidité, une longue durée et beaucoup de vitesse ; ou bien est-il préférable d'offrir, par des frais moindres de moitié, des deux tiers, des trois quarts, etc., des communications aussi sûres, mais moins durables et moins rapides ?

Avant de répondre à cette question, mettons en avant quelques faits généraux qui nous aideront à la résoudre. Les entreprises importantes qui, depuis une vingtaine d'années, ont langui ou complétement échoué, malgré des chances nombreuses de prospérité, ont constamment présenté pour causes principales de leur ruine, des dépenses de luxe, des frais de premier établissement disproportionnés, des constructions secondaires d'une étendue et d'une solidité inutiles, qui avaient absorbé des fonds applicables à des besoins plus urgens. Dans le Midi, pour citer un exemple entre mille, une société formée au capital de

4,000,000 fr. a voulu exécuter des travaux de canalisation étendus, et voici comme elle a procédé : elle a acheté, pour transport des matériaux, deux petits batimens marchands et un bateau à vapeur ; elle a construit un magnifique édifice, pour établir les bureaux de l'administration future ; elle a tellement disposé les choses de l'avenir, que le présent a été gravement compromis : le fonds social était en grande partie dépensé, que le canal, qui devait fournir le revenu, était à peine ébauché. Si cette Compagnie n'avait changé son administration, elle serait ruinée maintenant..... et que deviendra-t-elle ?

Cet exemple dépasse notre objet, puisqu'il conduit à une autre question, celle des emprunts pour achèvement de travaux, que nous devons examiner après. Toujours est-il que le luxe, la structure monumentale, le désir d'une grande solidité et d'une longue durée ont été cause de ruine pour beaucoup d'entreprises, et qu'elles sont, pour l'actionnaire, le pire de tous les maux.

Faisons d'ailleurs l'application de ces idées à l'un des chemins de fer les mieux connus, celui de Liverpool à Manchester, et supposons que ce chemin, au lieu d'une durée probable de 100 ans, n'en ait qu'une de 10 ans, et qu'eu égard à ce sacrifice de la solidité, il n'ait coûté que 500,000 fr. par lieue, au lieu de 2,500,000. La somme dont on aura à servir les intérêts sera, dans le premier cas, le cinquième de ce qu'elle est dans le second; chaque action, le revenu restant le même, répondra à un bénéfice net cinq fois plus considérable. Quel immense avantage déjà pour les actionnaires qui voudront vendre! Mais poursuivons: ce bénéfice net, qui est au moins, comme nous l'avons vu, dans l'état actuel des choses, de 10 pour 100, devient, dans notre hypothèse, de 50 pour 100; et, les actions restant servies par un intérêt de 10 pour 100, le fonds de réserve est tel, au bout de deux ans et demi, que le chemin peut être refait en entier. Reste donc sept ans et demi d'un bénéfice de 50 pour 100 aux actions.

Faisons une supposition opposée à la précédente, c'est-à-dire que la lieue de chemin de fer coûte, au lieu de 2,500,000 fr. une somme double 5,000,000 fr., dépensés pour obtenir une solidité et une durée indéfinies, pour donner au travail un aspect monumental. Quelle sera, dans cette nouvelle hypothèse, la position des actionnaires, les revenus restant ce qu'ils sont aujourd'hui? Les actionnaires recevront 5 pour 100 ou 4 $\frac{1}{2}$ pour 100; ce qui produit la perte définitive du capital, un intérêt insuffisant et une réserve impossible.

Ces épreuves sur des faits accomplis pourraient être variées à l'infini ; elles conduiraient toujours à la même conclusion : Que les dépenses qui résultent *du luxe*, *de la structure monumentale*, *de la grande solidité et de la longue durée dans les frais de premier établissement des chemins de fer, en France comme ailleurs*, amènent d'une manière à peu près inévitable la ruine des donneurs de fonds. — Et encore, dans tout ce qui précède, avons-nous fait la position aussi belle que possible ; car, lorsque les travaux sont dirigés de la sorte, presque toujours il arrive que le fonds mis en commun ne suffit pas, et alors il faut recourir, pour l'achèvement des travaux, à de nouvelles émissions d'actions ou à des emprunts.

L'émission d'actions nouvelles a pour résultat nécessaire le discrédit de l'entreprise, la dépréciation des actions précédemment émises, et la diminution réelle de leur valeur.

Quant aux emprunts, il nous est possible de juger à quel point ils sont onéreux pour les particuliers et les Compagnies. L'exemple du Gouvernement, se faisant entrepreneur de travaux en 1821 et 1822, et s'adressant, à ce titre, aux grands capitalistes, nous prouvera que là encore est une cause de ruine pour les actionnaires des travaux non achevés. C'est assurément faire à des particuliers une position trop belle que de supposer leur crédit égal à celui de l'État; or, voici ce qui advint à l'État.

En 1820, le Gouvernement décida l'établissement d'un grand nombre de canaux, et il voulut que cette dépense fût couverte par des emprunts; de sorte qu'avec les fonds prêtés, l'État se faisait entrepreneur et exécutait à forfait, à ses risques et périls. Les particuliers furent donc appelés à soumissionner, avec concurrence, l'intérêt au rabais; et les lois des 5 août 1821 et 14 août 1822 vinrent sanctionner les diverses conditions des adjudications, en même temps qu'elles rendaient irrévocables les clauses des cahiers des charges sur lesquelles les soumissions reposaient.

Dans une de ces adjudications furent obtenues, par diverses Compagnies, les quatre soumissions des emprunts suivans:

	f.		f. c.	
1°. Pour le canal latéral à la Loire	12,000,000	à	5 17	p. 0/0
2°. Pour le canal de Berry	12,000,000	à	5 51	p. 0/0
3°. Pour le canal du Nivernais	8,000,000	à	5 28	p. 0/0
4°. Pour les canaux de Bretagne	36,000,000	à	5 62	p. 0/0

Le taux moyen était donc de 5 f. 45 c. p. 0/0.

Les adjudicataires de ces quatre concessions, réunis plus tard en Société anonyme, formèrent la Compagnie des quatre canaux.

Indépendamment du taux de l'intérêt, seul

élément soumis à l'adjudication, le cahier des charges réglait, par avance et d'une manière définitive, plusieurs conditions dont voici les principales : 1°. amortissement, 1 pour cent ; — 2°. paiement d'une prime annuelle et invariable de $\frac{1}{2}$ pour cent ; — 3°. application à l'amortissement de l'excédant du produit que chaque canal, considéré séparément, pourra donner sur l'annuité que le Gouvernement paie pour se libérer par rapport à ce canal ; — 4°. époques de rigueur imposées pour la livraison des canaux ; jouissance, au profit des prêteurs, de la moitié du produit net de chaque canal pendant quarante ans, à commencer de la fin de l'amortissement relatif à ce canal. Sans parler d'autres clauses encore au profit des prêteurs, qu'on réfléchisse combien ces conditions étaient onéreuses pour l'État !

Ce n'est pas tout pourtant : les capitaux prêtés, très insuffisans, n'ayant pas été la moitié de tout ce qui a été dépensé pour l'achèvement des canaux, la Société a cependant, pour quarante ans, la moitié du bénéfice, comme si les ressources qu'elle a fournies eussent suffi.

Les actionnaires des chemins de fer, en cas d'insuffisance de fonds, ne peuvent pas compter, en 1838, sur des conditions meilleures que celles acceptées par l'État, en 1822. Quand on songe aux conséquences de tels précédens, on est à regretter, dans l'intérêt de l'avenir industriel du pays, qu'un seul pouce de travail ait été exécuté à l'aide d'emprunts aussi exorbitans. Ce qui fut pour l'État une charge énorme aurait été pour des particuliers une ruine assurée.

Les conséquences à tirer, dans l'intérêt des actionnaires, de l'ensemble des faits qui précèdent, peuvent se résumer ainsi :

1°. La dépense, pour les frais de premier établissement, d'une lieue de chemin de fer (de 4000 mètres), peut subir de grandes variations depuis 2,600,000 fr. jusqu'à 116,000 fr. dans différens pays ;

2°. Le transport des marchandises offre, dans l'état actuel des choses, de très faibles avantages, à cause des frais d'entretien qu'il occasionne ;

3°. Un tarif moyen de 23 à 25 centimes, sur un système de chemin revenant, comme celui de la Belgique, à 500,000 fr. la lieue, fréquenté par des voyageurs, est trop faible, même avec une grande fréquentation, pour couvrir les actionnaires, c'est-à-dire payer l'intérêt de leur argent et rembourser leur capital ;

4°. Un chemin de fer de treize lieues, au prix de revient de 2,600,000 fr., avec des tarifs moyens de 1 fr. par tonne, et de 50 centimes par voyageur et par lieue, a pu donner un bénéfice net de plus de 10 pour cent à ses actionnaires (Liverpool à Manchester);

5°. L'intérêt impérieux des actionnaires veut que tout luxe, toute structure monumentale soient rejetés, et que les considérations de durée et de solidité, calculées dans *l'intérêt seul de la sécurité actuelle des voyageurs*, restent dans les limites de la plus rigoureuse économie;

6°. Dans le cas d'insuffisance de capitaux pour l'achèvement de l'entreprise, les émissions nouvelles ont pour résultat inévitable la lésion des intérêts des précédens actionnaires; et les emprunts pour la même cause les mènent, selon toutes les analogies, à une perte totale.

CHAPITRE IV.

Conditions qui, dans l'exécution des chemins de fer, restreignent ou étendent les chances favorables aux actionnaires. — Frais de premier établissement.

Les résultats consignés dans le chapitre précédent vont nous offrir des points de comparaison utiles, en ne leur accordant toutefois qu'une importance limitée : ils nous mettront à même de juger souvent la valeur absolue des conditions dans lesquelles l'exécution de nos chemins de fer a été renfermée. Ces conditions, bien que différentes d'une concession à une autre, pour quelques détails, sont pourtant semblables dans leur ensemble, et arrêtées dans le même esprit ; elles résultent des cahiers des charges annexés à chaque concession.

§. 1er. Nature de la concession en France.

Le Gouvernement français, en accordant aux Compagnies l'exécution et l'exploitation des grandes lignes de chemins de fer, a introduit la clause de retour à l'État, pour chaque ligne concédée, après une suite d'années qui semble devoir varier de soixante-dix à quatre-vingt-dix-neuf ans. C'est là une première restriction qui n'existe pas en Angleterre, où les concessions sont à perpétuité, non plus qu'en Amérique, où la concession est le plus ordinairement sans limites. La Belgique, dont notre Gouvernement invoque souvent l'autorité, a fait plusieurs concessions par adjudication, où la clause de retour à l'État n'existe pas. Le ministre et les Chambres ont donc dérogé, dans cette circonstance, aux usages reçus ailleurs. Acceptons le fait accompli, et tâchons d'en apprécier la conséquence.

A quoi s'étend ordinairement cette clause de retour à l'État? Le concessionnaire d'un pont, par exemple, est engagé par elle à la remise des travaux qu'il a exécutés ; mais il n'a pas acheté le fleuve, il n'est pas possesseur des moyens de transport qui le parcourent, ni de constructions accessoires plus ou moins importantes. Celui qui exécute le chemin de fer, au contraire, a acheté l'emplacement des travaux, et, *sur cette propriété foncière*, il a établi ses rails : les machines, les wagons, les diligences, le matériel des transports, etc., il a tout fourni. Mais ces additions faites à la voie en fer n'en sont pas inséparables : la locomotive pouvait être remplacée par des chevaux, les magasins pouvaient ne pas exister, le terrain pouvait être loué. Ces raisons et un sentiment d'équité feront comprendre que la clause de retour à l'État ne doit avoir pour objet que la voie de fer et les travaux de terrassement, de maçonnerie, etc. L'État, qui entrera en possession de la voie de communication, aura donc à payer, s'il veut être équitable, la terre sur laquelle le chemin est établi, et tout l'ensemble du matériel. L'acquisition de cette dernière portion de la chose exploitée est dans l'intérêt de l'État, comme dans celui du public; car, sans elle, il s'exposerait à prendre possession d'établissemens en ruine qui, de prime abord, l'obligeraient à des frais de réparation considérables.

La clause de retour à l'État est d'ailleurs d'une importance secondaire pour celui qui reçoit aujourd'hui les actions des chemins de fer, qu'elle ait pour objet les travaux seulement, ou bien qu'elle s'étende à toutes les possessions de l'exploitation. En effet, si l'actionnaire n'a pas l'espoir fondé de rentrer dans son capital en un espace de vingt à trente ans, la prudence lui fait une loi de ne pas s'intéresser dans l'entreprise; si, au contraire, les chances favorables lui permettent cet espoir, une concession de soixante-dix à quatre-vingt-dix-neuf ans est une garantie plus que suffisante pour le porter à y placer ses capitaux et à laisser de côté la chance de cette *spoliation* ultérieure.

Nous disons *spoliation*; car le retour à l'État, dans son acception la plus étendue, en serait une.

Voici d'ailleurs comment est expliquée cette clause dans l'article 45 du cahier des charges pour le chemin de Paris à la mer :

« A l'époque fixée pour l'expiration de la présente concession, et par le fait seul de cette expiration, le Gouvernement sera subrogé à tous les droits de la Compagnie dans la propriété des terrains et des ouvrages désignés au plan cadastral mentionné dans l'article 27.

« Il entrera immédiatement en jouissance du chemin de fer, de toutes ses dépendances, et de tous ses produits.

« La Compagnie sera tenue de remettre en bon état d'entretien le chemin de fer, les ouvrages qui le composent et ses dépendances, tels que gares, lieux de chargement et de déchargement, établissemens aux points de départ et d'arrivée, maisons de gardes et de surveillans, bureaux de perception, machines fixes, et, en général, tous autres objets immobiliers qui n'auront pas pour destination distincte et spéciale le service des transports.

« Dans les cinq dernières années qui précéderont le terme de la concession, le Gouvernement aura le droit de mettre saisie-arrêt sur les revenus du chemin de fer, et de les employer à rétablir en bon état le chemin et toutes ses dépendances, si la Compagnie ne se mettait pas en mesure de satisfaire pleinement et entièrement à cette obligation.

« Quant aux objets mobiliers, tels que machines locomotives, wagons, chariots, voitures, matériaux, combustibles et approvisionnemens de tout genre, et objets immobiliers, non compris dans l'énumération précédente, l'État sera tenu de les reprendre à dire d'experts, si la Compagnie le requiert, et réciproquement, si l'État le requiert, la Compagnie sera tenue de les céder également à dire d'experts. »

Il est pourtant une disposition de la loi de concession des deux grandes lignes (de Paris à Orléans, de Paris au Havre) qui compense largement, pour l'intérêt actuel seulement, la clause de retour à l'État : dans le projet de concession pour le chemin du Havre, l'article 2 est ainsi conçu : « Aucune autre ligne de chemin de fer, soit de Paris à Rouen, soit de Paris aux points intermédiaires entre Paris et Rouen, Poissy excepté, ne pourra être autorisée avant l'expiration d'un délai de vingt-huit ans, à partir de la promulgation de la présente loi. » Une disposition semblable existe pour le projet de loi du chemin de Paris à Orléans.

Ces dispositions nous paraissent, pour les

actionnaires, d'une toute autre importance que la perpétuité de la concession. L'état de la question des chemins de fer, sous le rapport scientifique, comme sous le rapport d'exécution et d'exploitation, faisait un devoir d'une telle réserve en leur faveur. En effet, il est impossible ici, comme dans toute autre entreprise commerciale et industrielle de traduire en chiffres inflexibles les résultats futurs; de plus, les progrès de la science peuvent être tels que quelque découverte nouvelle vienne faire une révolution dans le mode d'exécution et dans les conditions d'exploitation. Alors, la Compagnie qui se serait dévouée à une œuvre, qu'elle sait à l'avance aventureuse et expérimentale, pourrait trouver une ruine complète dans la concurrence avec une Compagnie nouvelle et prête à fournir à meilleur marché le parcours d'une route qui lui coûterait moins de premier établissement, ou dont les frais d'exploitation seraient moindres.

§. 2. Cautionnement.

La nécessité d'un cautionnement, comme garantie des ressources financières de la Compagnie et de la bonne et loyale exécution des travaux dans les entreprises de chemin de fer, a été admise en principe par la commission d'enquête, qui a adopté les conclusions suivantes :

« Le cautionnement sera effectué en deux versemens égaux ; l'un avant l'adjudication de la concession, l'autre dans un certain délai, après l'adjudication de la concession. »

« Le cautionnement sera du dixième du capital jugé nécessaire pour l'entreprise, dans les affaires qui seront évaluées à 20 millions ou au-dessous. Au-dessus de 20 millions, et de 10 en 10 millions, la proportion décroîtra, sans qu'on puisse jamais exiger plus de 3 millions. »

« Ce cautionnement sera rendu par parties proportionnelles, au fur et à mesure de l'achèvement des travaux, ainsi que le portera le cahier des charges. »

Le cautionnement ainsi admis en principe a été appliqué d'après les règles précédemment posées, comme on peut s'en convaincre par l'article 54 du cahier des charges pour le chemin de Paris à Orléans, et par le même article du cahier des charges du chemin de Paris au Havre. Dans ce dernier, il est ainsi conçu :

« Avant la présentation de la loi destinée à homologuer, s'il y a lieu, la présente concession, la Compagnie déposera une somme de deux millions cinq cent mille francs (2,500,000 fr.), soit en numéraire, soit en rentes sur l'État, calculées au cours de la veille du jour du dépôt, soit en bons ou autres effets du Trésor, avec transfert au nom de la Caisse des dépôts et consignations de celles de ces valeurs qui seraient nominatives ou à ordre.

« Dans le mois qui suivra la promulgation de la loi, la Compagnie s'engage à porter à cinq millions de francs (5,000,000 fr.) le dépôt par elle effectué : dans le cas où elle ne satisferait pas à cette condition, elle sera déchue de fait et de plein droit de la présente concession, et les deux millions cinq cent mille francs déjà déposés resteront acquis au trésor public.

« La somme de cinq millions (5,000,000 fr.) déposée, ainsi qu'il est dit ci-dessus, formera le cautionnement de l'entreprise et sera rendu (art. 30) par cinquièmes et proportionnellement à l'avancement des travaux. »

Ce cautionnement sera soumis en totalité ou en partie aux chances de déchéance encourues par la Compagnie.

1°. Il sera perdu en totalité (art. 30), si dans le délai d'une année, à dater de l'homologation de la concession, la Compagnie ne s'est pas mise en mesure de commencer les travaux (cas de déchéance); il sera acquis à l'État ;

2°. La partie non encore restituée du cautionnement deviendra la propriété de l'État, si la Compagnie n'a pas entièrement exécuté et terminé les travaux du chemin de fer dans les délais convenus; si les travaux ne sont pas à moitié terminés lorsque les deux tiers de ces délais seront passés; si elle n'a pas rempli les obligations qui lui sont imposées par le cahier des charges. (Cas de déchéance).

Les dispositions précédentes font connaître la nature et la destination du cautionnement; comme il est partie du capital social, les actionnaires doivent être à même d'apprécier les chances auxquelles il est soumis.

Mais s'imaginer que le cautionnement est pour l'État ou les actionnaires une garantie sérieuse, que de son versement résulte l'exécution loyale des clauses consignées au cahier des charges, c'est une erreur. Pour qui sait comment s'effectuent les cautionnemens, ce qu'ils sont sous le rapport de la quotité, comparés aux primes dans les entreprises où le public a placé sa confiance, la garantie qu'ils offrent est vraiment nulle. Un fait cité par M. Corréard le démontre. « Les deux Compagnies concessionnaires des chemins de fer de Paris à Versailles avaient à peine obtenu leur concession par voie d'adjudication, depuis deux jours, qu'elles vendaient déjà les promesses d'actions de 500 fr. avec prime de 110, 120, 130 et 140 fr., et par conséquent avant que l'homologation de l'adjudication eût été accordée par le Gouvernement, et, ce qui est plus grave, avant que les statuts de ces Compagnies eussent été arrêtés et approuvés par le Gouvernement. Qu'aurait-il pu arriver cependant si les deux concessions fussent tombées entre les mains de gens déterminés à employer tous les moyens pour gagner beaucoup d'argent, et qu'une circonstance heureuse, comme celle de la fièvre de spéculation sur les chemins de fer, qui agite le public en ce moment, se fût rencontrée? C'est qu'ils auraient vendu toutes leurs actions avec prime de 300 fr. au moins, comme c'est très certainement l'intention des Compagnies actuelles, avec cette différence que chacune d'elles, après avoir réalisé un bénéfice de 6 millions (on suppose que chacune de ces Compagnies créera pour 10,000,000 fr. d'actions), aurait pu renoncer à l'exécution du chemin de fer, et cette rénonciation ne les aurait obligées, aux termes du cahier des charges, qu'à payer une somme de 440,000 fr.; ce qui, comme on le voit, leur aurait permis en définitive de réaliser, chacune, d'honnêtes bénéfices, s'élevant à 5,560,000 fr. On objectera peut-être que les porteurs d'actions auront la faculté d'attaquer les concessionnaires, et d'exiger d'eux le remboursement du prix qu'ils auront payé pour avoir leurs actions. L'équité, sans doute, voudrait qu'il en fût ainsi ; mais un concessionnaire n'est jamais engagé que pour la valeur nominale des actions, et elles ne peuvent avoir pour lui d'autre effet que celui d'un billet à ordre ou d'une lettre-de-change qu'il a souscrite ; en conséquence, en remboursant les sommes qui auraient été versées à valoir sur le capital nominal des actions, personne ne pourrait lui faire le moindre reproche, puisqu'il aurait rempli ses engagemens dans toute leur teneur. »

Sans chercher à développer ici toutes les autres conséquences qui découlent de l'exemple précédent, nous en concluons que la garantie du cautionnement n'a de valeur pour l'État qu'en proportion de la moralité des concessionnaires, et que pour les actionnaires les dangers auxquels il les expose n'ont pas d'autre mesure. C'est une des mille considérations puissantes que nous aurions pu faire valoir en faveur de la concession directe.

Le paragraphe suivant, qui traite de la position respective des actionnaires et des concessionnaires, viendra encore à l'appui de notre opinion.

§ 3. Rapports entre les actionnaires et les concessionnaires, tels qu'ils résultent des actes de Société.

Il nous paraît important de faire savoir aux actionnaires quelle est leur participation dans les entreprises de chemins de fer auxquelles ils apportent leurs capitaux. Elle résulte tout naturellement des dispositions des actes de Société, qui lient les concessionnaires envers le Gouvernement. Voici l'état des choses :

Une réunion de banquiers, de grands capitalistes obtient la concession directe d'une ligne de chemin de fer ; ou bien c'est un ingénieur, auteur des études du tracé, ayant derrière lui une Compagnie de bailleurs de fonds, qui l'obtient. Dans les deux cas, la position des actionnaires est la même.

Les banquiers répondans se constituent en Société, par acte dont une ordonnance royale vient approuver les statuts.

Dans cet acte, les concessionnaires fondateurs se réservent l'administration et la gestion des affaires de la Société pendant toute la durée des travaux, et lorsqu'un auteur de projet se trouve en tête, il est chargé de la direction.

Ainsi, dans le chemin de fer de Paris à Versailles (rive gauche), neuf des fondateurs forment le conseil d'administration, investi des pouvoirs les plus étendus pour la gestion des affaires de la Société. L'un d'eux, M. Auguste Léo, est nommé administrateur-général, et remplit les fonctions de directeur pendant la durée des travaux.

Ainsi, dans le chemin de fer de Strasbourg

à Bâle, les administrateurs sont nommés jusqu'à la fin des travaux, avec les pouvoirs les plus étendus pour engager la Compagnie, faire le placement des fonds libres, passer tous marchés, contracter emprunts ou hypothèques, aliéner ou acquérir, choisir le mode qu'ils jugeront le plus convenable à la conduite des travaux, traiter même à forfait. — Ces administrateurs de la Société anonyme sont nommés par les concessionnaires.

Les autres actes de Société pour les lignes adjugées règlent dans le même esprit le mode d'emploi et la surveillance des opérations effectuées avec l'argent des actionnaires.

En supposant la loyauté des concessionnaires incontestable, et leur union aux actionnaires franche, réellement opérée dans un but d'utilité commune, ces dispositions de l'acte de Société sont sans aucun doute les plus favorables aux intérêts de tous. La pratique a mis hors de doute que la multiplicité et la complication des influences dans une entreprise est fâcheuse; que les associations où plusieurs volontés, plusieurs intérêts sont en présence, sont par cela seul menacées de dissolution et de ruine. L'exclusion des actionnaires de l'administration des choses de la Société peut donc leur être utile. Mais toujours est-il qu'il faut, dans ce cas, que la probité et la solvabilité des concessionnaires soient hautement et publiquement reconnues; car les actionnaires vont leur porter des capitaux dont ils n'auront plus à connaître avant l'achèvement des travaux. Et si, pour un instant, nous supposons l'entreprise échue à des adjudicataires infidèles, ainsi constitués, nous n'avons pas besoin de dire où ira l'argent des actionnaires : nouvelle raison à l'appui de la concession directe. Lors donc que nous avons invoqué la justice pour répondre à ceux qui demandent l'exclusion des banquiers, nous défendions encore l'intérêt des preneurs d'actions; car les banquiers au moins offrent, en cas de malversation, une garantie pour la valeur nominale de l'action. De plus, on ne peut pas supposer que des hommes dont la fortune a eu pour point de départ le crédit, c'est-à-dire la confiance publique, aillent compromettre une grande position financière, une réputation d'honneur commercial, c'est-à-dire renfermé *dans les limites de la loi écrite*, pour s'approprier la fortune des actionnaires.

La conclusion de tout ceci n'en est pas moins, pour les hommes dont nous voulons éclairer les intérêts, qu'ils viennent apporter leur argent à des concessionnaires libres d'en disposer, sous la garantie de leur probité, de leurs propres intérêts, s'ils restent réellement dans l'entreprise, et enfin sous la garantie de la *responsabilité morale du Gouvernement.* Ce système d'organisation, bon ou mauvais, admis comme un fait, montre de plus que l'État, en choisissant les grands capitalistes, agit de la manière la plus favorable aux intérêts des actionnaires.

§. 4. Acquisition des terrains. — Tracé obligatoire. — Expropriation.

Les détails précédens nous paraissent jeter sur la marche à suivre par les actionnaires tout le jour désirable, jusqu'au moment où ils viennent confier leurs capitaux aux concessionnaires réunis en Société anonyme. Ils ont pu voir que tout n'était pas pour le pire. Nous avons tâché de leur indiquer d'une manière précise les améliorations qu'ils devaient s'efforcer de réaliser par leurs vœux et par leurs démarches.

Le montant de l'action est donc souscrit, et une partie remise aux mains de l'administration du chemin de fer. Il faut en suivre l'emploi dans l'exécution des travaux, et signaler toutes les conditions qui peuvent assurer au capital la meilleure application, en produisant les plus beaux résultats ; ce qui comprend les acquisitions de terrains selon les conditions imposées par le cahier des charges, les travaux déterminés à l'avance (*terrassemens, courbes, aqueducs, ponceaux, ponts, viaducs sous ou sur le chemin de fer, rails, chairs, dés, etc.*), l'acquis du matériel d'exploitation (*wagons, machines*).

L'acquisition des terrains, dépense assez importante, est souvent l'occasion de difficultés et de retards dans l'exécution des travaux. Elle ne peut être confiée à un homme trop habitué aux affaires. Les clauses des cahiers des charges la renferment dans les limites d'un tracé obligatoire pour les points principaux. Ainsi, pour le chemin de Paris au Havre, l'article 2 porte *qu'il partira du côté nord de la rue Lafayette, entre les rues du Faubourg Saint-Denis et du Faubourg Poissonnière; il passera entre Saint-Denis et la Seine, s'élèvera au col de Pierrelaye par la vallée de Montmorency, passera à Pontoise, suivra la vallée de la Riome, passera à Chars, franchira le col de Boubiers et le contrefort de Reilly, passera à Gisors, Estrepagny, Charleval, remontera la vallée de l'Andelle jusqu'à Vascœuil, suivra la vallée de Ry jusqu'à Blainville, d'où il passera dans la vallée de la Robec, pour arriver à Rouen, au boulevart Beauvoisine; il se continuera ensuite sans interruption sur le Havre en passant par la vallée de*

Deville, par le Houlme, Pavilly, Flamainville, Yvetot, près de Bolbec et par Harfleur.

Une disposition semblable détermine chaque tracé, qui reçoit en outre une nouvelle précision par la fixation du rayon *minimum* des courbes. L'article 6 du cahier des charges, déjà cité, porte : *Les alignemens devront se rattacher, suivant des courbes dont le rayon minimum est fixé à mille mètres; et dans le cas de ce rayon minimum, les raccordemens devront, autant que possible, s'opérer sur des paliers horizontaux. Toutefois, des courbes de* 800 *mètres de rayon pourront être tolérées sur certains points.* Cette délimitation *minimum* a pour objet de rendre le trajet aussi direct que possible, de fixer les frais de premier établissement, de diminuer ceux d'exploitation et d'obtenir la plus grande vitesse; elle est dans l'intérêt de l'entreprise, et par conséquent des actionnaires; pourtant le rayon, sous le rapport de l'art, peut être abaissé à un *minimum* moindre de moitié, comme le prouvent plusieurs chemins de fer en pays étranger, sans qu'il en résulte d'autre inconvénient pour les voyageurs que de diminuer la vitesse.

L'exemple que nous avons choisi donne une idée générale exacte de la limite dans laquelle peuvent se mouvoir les tracés imposés aux compagnies et les acquisitions de terrain par conséquent. Comme l'entreprise est d'utilité publique, *les compagnies sont substituées aux droits, comme elles sont soumises à toutes les obligations qui dérivent pour l'administration, de la loi du 7 juillet* 1833. Mais cette loi, quoiqu'elle ait simplifié et amélioré les formes qui conduisent à l'expropriation pour cause d'utilité publique, est encore bien loin de satisfaire aux exigences de rapidité que comporte l'industrie, dont tous les instans sont comptés, autant dans son propre intérêt que dans celui du commerce. M. le ministre avait lui-même senti l'importance de simplifier encore les mesures qui mènent à l'expropriation, lorsque, le 28 novembre 1837, il disait à la commission d'enquête, que les compagnies se trouvent encore trop à l'étroit dans les limites de la loi de 1833, et qu'il se montrait disposé à leur accorder la faculté de dépossession provisoire. Il est fâcheux qu'aucune disposition spéciale du cahier des charges n'ait donné aux concessionnaires la faculté d'entrer immédiatement en possession de la partie de terrain que le chemin doit traverser.

Le parlement anglais, accoutumé depuis long-temps aux formes qu'exige l'exécution des chemins de fer, a accordé cette prise de possession immédiate, sauf à régulariser plus tard, par les voies légales, l'indemnité à accorder aux propriétaires. C'est là un précédent d'une grande autorité pour nous, qui commençons la même œuvre : nous devons craindre que des formalités futiles n'en viennent entraver l'établissement. M. Corréard a proposé un mode qui nous paraît satisfaire également aux intérêts des propriétaires et à ceux des concessionnaires. « Il faut, dit-il, puisque la dernière loi sur les expropriations n'a pas suffisamment prévu toutes ces difficultés, que les lois spéciales de concession donnent le droit aux compagnies ou à l'État d'entrer immédiatement en jouissance de tout ou partie des propriétés qui devront être traversées par ces voies de communication. Pour cela, la loi devra tracer ainsi la marche à suivre : les compagnies auront préalablement à inviter les propriétaires par un avis du maire de la commune, qui sera donné sans frais, d'assister au jour indiqué à la maison commune pour entendre les propositions qui leur seront faites au nom de la compagnie sur l'arrangement à l'amiable à prendre relativement au prix de la partie ou du tout de leur propriété qui devra être occupé par la compagnie. Si, par suite de cette conférence ou du défaut que pourraient faire les propriétaires, on n'arrivait pas à un arrangement, actes des défauts ou de la non-réussite des arrangements proposés seront donnés à la compagnie, et celle-ci pourra sur-le-champ réclamer la présence d'un juge-de-paix du canton, qui sera tenu de procéder, dans les trois jours, à une évaluation provisoire de la portion de la propriété qui devra être sacrifiée. Dans ce cas, le juge-de-paix remettrait son procès-verbal d'expertise à la compagnie, et celle-ci n'aurait plus qu'à se présenter chez le receveur du département pour déposer la somme résultant de l'évaluation. La compagnie pourrait ensuite, munie du procès-verbal du maire, du procès-verbal du juge-de-paix et du reçu du receveur-général du département, entrer immédiatement en jouissance de la partie ou de la propriété du récalcitrant, et si ce dernier s'opposait par la violence à la prise de possession, la compagnie aurait la faculté de requérir le maire de la commune, et celui-ci serait tenu, à son tour, de donner l'ordre à la force publique de prêter main-forte.

« Cette mesure ne préjugerait en rien les droits et les prétentions du propriétaire, il pourrait toujours appeler de ce jugement aussi bien que la compagnie, et la question serait soumise au jury spécial d'expertise et jugée par les tribunaux, conformément à la loi d'expropriation de 1833, sauf à parfaire par suite du jugement définitif à intervenir.

« Il résulterait de cette disposition nouvelle, qui nous paraît indispensable, si l'on veut que les travaux publics puissent s'exécuter rapidement, que les compagnies ainsi que le Gouvernement pourraient être mis en possession de tout ou partie d'une propriété dans les huit jours de l'invitation faite par le maire pour l'arrangement à l'amiable. »

Les actionnaires savent donc que la loi de 1833, qui met un an et plus leurs intérêts en suspens, peut les léser par des retards sans utilité, puisque les travaux doivent être terminés à jour fixe.

Le prix des terrains à acquérir doit éprouver de grandes variations. L'ingénieur, M. Vallée, chargé par le Gouvernement de l'étude du chemin de Belgique, estime que l'hectare variera de 400 fr. à 20,000 fr.; que ce prix sera en moyenne de 3,197 fr.

M. Defontaine, auteur des études du chemin de Paris à la mer, donne une estimation plus élevée des terrains à acquérir, puisque, de 3,000 fr., qui est la classe la moins élevée, il porte leur valeur à 10,000 fr., 12,000 fr., 20,000 l'hectare. Nous reviendrons par la suite à ces estimations.

§. 5. Terrassemens, empierremens, remblais, déblais, etc.

L'importance de ces travaux, sous le rapport de la dépense, varie absolument comme la surface du sol : s'il est horizontal, elle est faible ; s'il est accidenté, montueux, elle est considérable ; elle dépend encore de l'objet qu'on se propose dans l'exécution du chemin. Si la voie n'exige qu'une vitesse moyenne de quatre à cinq lieues, les pentes pourront être plus fortes et par conséquent les remblais et déblais moindres. Mais la plupart des chemins auxquels les actionnaires sont appelés à concourir doivent être à grande vitesse et à double voie ; ce qui augmente de toute manière les frais de premier établissement.

Dans l'état actuel de la science, les conditions suivantes déterminent la quantité des terrassemens sur tout tracé de grande ligne :

1°. Le maximum des pentes et rampes du tracé ne peut excéder trois millimètres et demi (0^m 0035) par mètre ; la pente de cinq millimètres (0^m 005) est admise comme exception dans les points les plus difficiles.

2°. Le chemin de fer à deux voies comporte une largeur, en couronne, de huit mètres trente centimètres (8^m 30) dans les parties en levée, et de sept mètres quarante centimètres

(7^{m} 40) dans les tranchées et les rochers, entre les parapets des ponts et dans les souterrains.

La largeur de la voie entre les bords intérieurs des rails devra être d'un mètre quarante-quatre centimètres (1^{m} 44) au moins.

La distance entre les deux voies sera au moins égale à un mètre quatre-vingt centimètres (1^{m} 80), mesurée entre les faces extérieures des rails de chaque voie.

La largeur entre les faces extérieures des rails extrêmes et l'arête extérieure du chemin sera au moins égale à un mètre cinquante centimètres (1^{m} 50) dans les parties en levée, et à un mètre (1^{m}) dans les tranchées et les rochers, entre les parapets des ponts et dans les souterrains.

3°. La distance qui séparera les gares d'évitement sur chaque rive sera moyennement de dix mille mètres (10,000^{m}) : ces gares seront nécessairement placées en dehors des voies ; leur longueur, raccordement compris, sera de deux cents mètres (200^{m}) au moins.

Indépendamment des gares d'évitement, la Compagnie sera tenue d'établir, pour le service des localités traversées par le chemin de fer, ou situées dans le voisinage de ce chemin, des gares ou ports secs destinés tant aux stationnemens qu'aux chargemens et aux déchargemens, et dont le nombre, l'emplacement et la surface seront déterminés par l'administration, après enquête préalable.

4°. Les fossés qui serviront de clôture au chemin de fer auront au moins 1 mètre de profondeur, à partir de leurs bords relevés.

Ces limites, qui résultent des clauses des cahiers des charges, mettent à même, une ligne étant donnée et le tracé définitif arrêté, d'arriver à une estimation assez approchée des dépenses de terrassement, de remblai et déblai, qui seront à faire. Les actionnaires ont besoin de connaître ces limites pour juger de l'exactitude des calculs de revient et de produit qui leur seront offerts par la suite, comme probables.

D'ailleurs, l'entreprise étant d'utilité publique, les Compagnies ont certaines facilités pour l'exécution des travaux; elles sont investies de tous les droits que les lois et réglemens confèrent à l'administration elle-même pour les travaux de l'État. Elles pourront, en conséquence, se procurer, par les mêmes voies, les matériaux de remblai et d'empierrement nécessaires à la construction et à l'entretien du chemin de fer; elles jouiront, tant pour l'extraction que pour le transport et le dépôt des terres et matériaux, des priviléges accordés par les mêmes lois et réglemens aux entrepreneurs de travaux publics, à la charge, par elles, d'indemniser à l'amiable les propriétaires des terrains endommagés, ou, en cas de non-accord, d'après les réglemens arrêtés par le conseil de préfecture, sauf recours au conseil d'État, sans que, dans aucun cas, elles puissent exercer de recours à cet égard contre l'administration.

Les frais de terrassemens, de remblais, de déblais et d'empierrement sont faibles si les terrains s'éloignent peu de l'horizontale; ils sont plus considérables à mesure qu'ils offrent plus d'accidens, et ils peuvent former, avec les autres dépenses qu'ils entraînent, le tiers et même la moitié du prix de revient.

Pour les chemins de la Belgique exécutés par les ingénieurs du Gouvernement, le prix moyen des terrasses a été pour chaque mètre cube, entre Tirlemont et Waremme, de 0 fr. 54 c.; entre Malines et Anvers, de 0 fr. 70 c.; entre Malines et Bruxelles, de 0 fr. 72 c.; entre Louvain et Tirlemont, de 0 fr. 72 c.; et depuis Malines jusqu'à Termonde, de 0 fr. 75 c.

M. Vallée, dans son travail si plein de faits, donne comme une évaluation très forte du mètre cube en France une moyenne de 79 c.

§. 6. Ponts, ponceaux, souterrains, acquéducs, viaducs, etc.

Ici encore il importe aux actionnaires de connaître les prescriptions du cahier des charges, les dispositions des tracés pouvant être telles que le total des frais soit accru du quart et même du tiers, par cette dépense. La Belgique, qui a payé ses chemins en moyenne 500,000 fr. la lieue, a évité beaucoup des travaux compris sous notre paragraphe 6 : elle a très peu de souterrains ; elle passe toutes les routes à niveau, et les rivières, au moyen de ponts-tournans qui offrent une grande économie : ceux qui sont établis sur la Dyle et la Nèthe en offrent des exemples. Cependant ces ponts ont l'inconvénient de retarder la marche, parce-que les mécaniciens modèrent la vitesse de façon à pouvoir arrêter entièrement les convois avec le seul secours des freins, dans le cas où les ponts ne seraient pas tournés de manière à permettre sûrement le passage. (Travail de M. Vallée.)

Ce mode de construction, auquel il faudrait recourir si nos prix de revient ne pouvaient être servis convenablement par les produits, n'est pas à considérer ici, puisque d'autres conditions sont imposées par les cahiers de charges des grandes lignes concédées. Voici ces conditions :

1°. Les chemins de fer, à la rencontre des routes

royales ou départementales, devront passer soit au-dessus, soit au-dessous de ces routes.

Les croisemens de niveau seront tolérés pour les chemins vicinaux, ruraux ou particuliers.

2°. Lorsque les chemins de fer devront passer au-dessus d'une route royale ou départementale, ou d'un chemin vicinal, l'ouverture du pont ne sera pas moindre de huit mètres (8^m) pour la route royale, de sept mètres (7^m) pour la route départementale, et de cinq mètres (5^m) pour le chemin vicinal. La hauteur sous clé, à partir de la chaussée de la route, sera de cinq mètres (5^m) au moins; la largeur entre les parapets sera au moins de sept mètres quarante centimètres (7^m 40), et la hauteur de ces parapets de quatre-vingts centimètres (0^m 80) au moins.

3°. Lorsque le chemin de fer devra passer au-dessous d'une route royale ou départementale, ou d'un chemin vicinal, la largeur entre les parapets du pont qui supportera la route ou le chemin sera fixée au moins à huit mètres (8^m) pour la route royale, à sept mètres (7^m) pour la route départementale, et à cinq mètres (5^m) pour le chemin vicinal. L'ouverture du pont entre les culées sera au moins de sept mètres quarante centimètres (7^m 40), et la distance verticale entre l'intrados et le dessus des rails ne sera pas moindre de quatre mètres trente centimètres (4^m 30).

4°. Lorsque le chemin de fer traversera une rivière, un canal ou un cours d'eau, le pont aura la largeur de voie et la hauteur de parapets fixées à l'article 9.

Quant à l'ouverture du débouché et à la hauteur sous clé au-dessus des eaux, elles seront déterminées par l'administration dans chaque cas particulier, suivant les circonstances locales.

5°. Les ponts à construire à la rencontre des routes royales ou départementales, et des rivières ou canaux de navigation et de flottage, seront en maçonnerie ou en fer.

Ils pourront aussi être construits avec travées en bois et piles et culées en maçonnerie; mais il sera donné à ces piles et culées l'épaisseur nécessaire pour qu'il soit possible ultérieurement de substituer aux travées en bois soit des travées en fer, soit des arches en maçonnerie.

6°. S'il y a lieu de déplacer les routes existantes, la déclivité des pentes ou rampes sur les nouvelles directions ne pourra excéder trois centimètres (0^{m} 03) par mètre pour les routes royales et départementales, et cinq centimètres (0^{m} 05) pour les chemins vicinaux.

L'administration restera libre, toutefois, d'apprécier les circonstances qui pourraient motiver une dérogation à la règle précédente en ce qui concerne les chemins vicinaux.

7°. Les ponts à construire à la rencontre des routes royales et départementales, et des rivières ou canaux de navigation et de flottage, ainsi que les déplacemens des routes royales ou départementales, ne pourront être entrepris qu'en vertu de projets approuvés par l'administration supérieure.

Le préfet du département, sur l'avis de l'ingénieur en chef des ponts et chaussées, et après les enquêtes d'usage, pourra autoriser le déplacement des chemins vicinaux, et la construction des ponts à la rencontre de ces chemins et des cours d'eau non navigables ni flottables.

8°. Dans le cas où des chemins vicinaux, ruraux ou particuliers, seraient traversés à leur niveau par le chemin de fer, les rails ne pourront être élevés au-dessus ou abaissés au-dessous de la surface de ces chemins de plus de trois centimètres (0m 03). Les rails et le chemin de fer devront, en outre, être disposés de manière à ce qu'il n'en résulte aucun obstacle à la circulation.

Des barrières seront tenues fermées de chaque côté du chemin de fer partout où cette mesure sera jugée nécessaire par l'administration.

Un gardien payé par la Compagnie sera constamment préposé à la garde et au service de ces barrières.

9°. La Compagnie sera tenue de rétablir et d'assurer à ses frais l'écoulement de toutes les eaux dont le cours serait arrêté, suspendu ou modifié par les travaux dépendants de l'entreprise.

Les aquéducs qui seront construits à cet effet sous les routes royales et départementales seront en maçonnerie ou en fer.

10°. A la rencontre des rivières flottables et navigables, la Compagnie sera tenue de prendre toutes les mesures et de payer tous les frais nécessaires pour que le service de la navigation et du flottage n'éprouve ni interruption ni entrave pendant l'exécution des travaux, et pour que ce service puisse se faire et se continuer après leur achèvement comme il avait lieu avant l'entreprise.

La même condition est expressément obligatoire pour la Compagnie à la rencontre des routes royales et départementales, et autres chemins publics. A cet effet, des routes et ponts provisoires seront construits par les soins et aux frais de la Compagnie, partout où cela sera jugé nécessaire.

Avant que les communications existantes puissent être interceptées, les ingénieurs des localités devront reconnaître et constater si les travaux provisoires présentent une solidité suffisante, et s'ils peuvent assurer le service de la circulation.

Un délai sera fixé pour l'exécution et la durée de ces travaux provisoires.

11°. Les percées ou souterrains dont l'exécution sera nécessaire auront sept mètres quarante centimètres (7 m 40 c) de largeur entre les pieds droits, au niveau des rails, et cinq mètres cinquante centimètres (5 m 50 c) de hauteur sous clé, à partir de la surface du chemin. La distance verticale entre l'intrados et le dessus des rails extérieurs de chaque voie sera au moins de quatre mètres trente centimètres (4 m 30 c).

Si les terrains dans lesquels les souterrains seront ouverts présentaient des chances d'éboulement ou de filtration, la Compagnie sera tenue de prévenir ou d'arrêter ce danger par des ouvrages solides et imperméables.

Aucun ouvrage provisoire ne sera toléré audelà de six mois de durée.

12°. Les puits d'airage et de construction des souterrains ne pourront avoir leur ouverture sur aucune voie publique, et, là où ils seront ouverts, ils seront entourés d'une margelle en maçonnerie de deux mètres (2 m) de hauteur.

13°. La Compagnie pourra employer, dans la construction du chemin de fer, les matériaux communément en usage dans les travaux publics de la localité; toutefois, les têtes de voûte, les angles, socles, couronnemens, extrémités de radiers, seront nécessairement en pierre de taille.

Ces clauses, extraites des cahiers des charges des chemins de Paris à Orléans et de Paris au Havre, sont toutes assurément dans l'intérêt de la durée des travaux; mais elles n'en accroissent pas moins les frais de premier établissement dans une proportion considérable. Ainsi, dans le devis estimatif (profil n° 1) présenté par M. Defontaine pour le tracé de Paris au Havre, long de cinquante-six lieues, la dépense totale s'élève à soixante millions environ, sur lesquels il faut compter seize ou dix-sept millions pour les travaux dont nous nous occupons ici.

L'ingénieur n'avait pas supposé les dimensions aussi grandes ni les travaux aussi considérables dans son devis estimatif; il faudrait donc compter sur une dépense plus forte. Mais de nouvelles études ont amélioré le tracé et supprimé plusieurs des frais de ce chapitre, dont la soustraction établira peut-être une compensation.

§. 7. Rails, chairs, dés.

Le *rail*, barre de fer qui engraine la roue; le *dé*, base en pierre ou en bois servant de point d'appui au chair; et le *chair*, sorte de mortaise en fonte fortement reliée au dé par un socle percé de deux trous et recevant d'autre part le rail, forment tout le système du chemin de fer. On voit que, dans ce système, le rail est la partie principale, celle dont il importe le plus à l'actionnaire de connaître le prix de revient; c'est d'ailleurs celle dont l'acquisition, dans des circonstances différentes, peut faire éprouver à la masse des dépenses les changemens les plus sensibles : dans l'estimation de M. Defontaine (Paris au Havre), la voie de fer, de *vingt kilogrammes par mètre courant*, figure pour une somme de 18,191,631 fr.

Mais le poids de vingt kilogrammes n'est pas un nombre inflexible; il s'est élevé à ce point et l'a dépassé successivement depuis une dixaine d'années : les rails d'Epinac pèsent *onze kilogrammes* par mètre courant; ceux de St.-Etienne en pèsent *treize*; ceux du chemin de Liverpool, *dix-sept*; enfin ceux du chemin de St.-Germain, *trente*.

Le prix de la voie du chemin de fer variera donc selon la force des rails; de plus, il s'accroîtra par une augmentation aussi considérable dans la consommation. En Belgique, au commencement des travaux, la tonne de fer coûtait 360 fr., elle en coûte plus de 450 maintenant; les fers en Angleterre coûtaient 30 et 40 pour cent moins cher que les nôtres, ils se sont élevés successivement et sont parvenus à un taux assez rapproché de celui des nôtres, avant le commencement des travaux pour les grandes lignes en France. Ces faits méritent toute notre attention. La hausse probable du prix des fers en France, par suite de l'établissement des chemins de fer, est d'ailleurs jugée diversement : aux yeux des uns, elle doit être considérable ; aux yeux des autres, elle peut être faible ou nulle.

L'entrée en franchise des fers étrangers pouvant modérer le mouvement d'augmentation et étant d'ailleurs sans danger pour nos producteurs, à l'aide de certaines réserves, nous allons examiner cette question.

L'opinion de M. Bartholony, en faveur de l'entrée libre des fers étrangers, nous a paru convenablement motivée ; présentons-la ici.

« Nous mettons, dit-il, au premier rang des encouragemens à donner aux grandes entreprises de chemins de fer, la faculté de faire entrer, en franchise de droits, les rails. Les États-Unis d'Amérique ont compris que, pour établir utilement des chemins de fer, il fallait qu'ils revinssent au meilleur marché possible ; ils l'ont compris, quoiqu'ils eussent dans la richesse minérale de leur sol plus de motifs que nous n'en pouvons avoir de repousser les fers étrangers : aussi n'ont-ils pas hésité à adopter la mesure que nous réclamons.

« Cette mesure est d'ailleurs dans l'intérêt de

nos propriétaires d'usines eux-mêmes. On se plaint déjà de la cherté des fers en France, et ce n'est pas sans motif, puisque les fers français reviennent de 35 à 40 pour 100 plus cher que les fers anglais. Les nombreux consommateurs de cette matière première réclament instamment une forte diminution sur les droits dont les fers étrangers sont frappés : que sera-ce donc quand il faudra que nos usines livrent tous les fers nécessaires à la confection des chemins! Pourront-elles y suffire et continuer en même temps à subvenir aux besoins ordinaires de la consommation? Nous ne le croyons pas ; car nous tenons de personnes très versées dans cette branche d'industrie, que tous les laminoirs de France réunis ne produisent pas par année au-delà de 60 à 65 millions de kilogrammes, dont le placement total est certain ; les besoins devançant même presque toujours la production. Le chemin de Paris à la mer, avec ses embranchemens, exigeant seul 22 millions de kilogrammes, nous demandons qui les fournira, ainsi que les quantités qu'il faudra en outre pour les autres chemins.

« Mais, en supposant que nos usines suffisent à tout, ce qui est plus que douteux, la hausse dont cet immense surcroît de consommation sera inévitablement la cause ne soulèvera-t-elle pas la masse entière des consommateurs?

C'est alors qu'on réclamera vivement, non plus la diminution, mais peut-être la suppression des droits sur les fers étrangers. Par une réaction naturelle, le résultat final d'achats aussi considérables en fers français serait donc précisément contraire aux maîtres de forges et aux partisans du système de protection. Mais les concessionnaires devant faire leurs marchés à l'avance, pour ne pas laisser languir les travaux, dans quelle situation ne se trouverait pas une compagnie qui aurait fait ses achats en fers français à des prix élevés, si le Gouvernement jugeait, par un motif quelconque, devoir réduire les droits sur les fers étrangers!

« D'ailleurs, si nos fabricans de fer ne peuvent pas encore rivaliser avec ceux d'Angleterre, c'est parce que la France manque de moyens de communication prompts et faciles; c'est ce dont on se plaint tous les jours. Or, pour procurer à nos fabricans de fer des voies de transport rapides et peu coûteuses, il faut de grandes lignes de chemins de fer communiquant à leurs usines et ayant surtout coûté le moins possible à établir. Pour cela, nous ne voyons qu'un moyen, c'est de laisser aux concessionnaires la faculté d'aller chercher leurs matériaux sur les lieux où on les fabrique le mieux et au plus bas prix.

« Cette faculté établirait, entre les fers de tous

les pays une concurrence générale. Nos fers y prendraient part comme ceux de l'étranger, et cela avec les avantages suivans : d'abord la hausse qu'éprouveraient les fers étrangers, à la nouvelle de l'ouverture d'un nouveau débouché mis à leur portée (1) ; et ensuite les frais de transport, qui, dans beaucoup de localités, seraient moindres pour les fers français. Il pourrait donc quelquefois y avoir économie

(1) Il y a moins d'un an que nous avons exprimé cette opinion, et elle n'a pas tardé à se réaliser : l'extension donnée dans tous les pays à l'usage du fer et la propagation des chemins à rails ont fait éprouver une hausse considérable aux fers anglais et en ont presque nivelé les prix avec ceux des fers français. Ainsi l'événement a confirmé la thèse que nous soutenions ; aujourd'hui le droit protecteur devient sans objet.

Dans cet état de choses, l'avantage qu'aurait pour les concessionnaires la franchise des fers étrangers se réduit, à peu près, à la faculté de réunir en tout temps et en quantité suffisante, les rails nécessaires aux chemins de fer, et que les usines françaises ne pourraient pas fournir ; mais cette faculté est bien autrement importante que l'infériorité des prix. D'ailleurs, la hausse survenue en Angleterre tranche la question ; car si une augmentation de débouchés a produit un mouvement si prononcé sur un marché vaste et abondant comme l'Angleterre, quelle ne deviendrait pas la cherté du fer en France, s'il fallait que nos producteurs nationaux fournissent seuls à la consommation ordinaire, en même temps qu'aux nouveaux besoins que vont créer les chemins de fer?

(*Note du 16 février 1836.*)

à se servir de ces derniers ; et, à prix égal, ou même un peu supérieur, les Compagnies concessionnaires leur donneraient indubitablement la préférence. Mais si, dans la concurrence établie (pour la fourniture des chemins) entre les usines nationales et étrangères, les premières avaient d'abord trop de désavantage, cette lutte produirait encore pour elles un bien dans l'avenir; car l'émulation que causerait cette concurrence exceptionnelle accélèrerait peut-être le mouvement de progrès qui doit faire atteindre à notre industrie métallurgique la perfection et le bon marché de celle de l'étranger.

« Accordée à une industrie qui n'existe pas encore, l'importation des fers étrangers ne diminuerait pas les débouchés qu'exploitent les maîtres de forges, et ceux-ci ne pourraient se plaindre d'être immolés aux chemins de fer par la faveur que nous demandons pour les Compagnies, tandis qu'évidemment le maintien de l'exclusion des fers étrangers immolerait les Compagnies aux maîtres de forges français : ceux-ci percevraient sur elles un tribut considérable qui, dans l'hypothèse d'un minimum d'intérêt garanti par l'État, frapperait les actionnaires en cas de succès, et le Gouvernement en cas de revers.

« On a dit que les entrepreneurs de chemins de fer ne sollicitent la franchise des droits sur les fers étrangers que pour faire prendre aux fournisseurs anglais un grand nombre d'actions. Mais, pour ne pas voir que ce serait un moyen infaillible de surpayer leurs fers et d'avilir leurs actions, il faudrait que ces entrepreneurs fussent bien peu aptes à diriger des Compagnies, ou réduits, pour placer leurs actions, à de bien misérables ressources. La véritable et la seule raison de la demande de l'entrée des fers étrangers est le besoin d'avoir, en temps utile et au meilleur marché possible, les matériaux nécessaires aux constructions.

« Quelques personnes qui croient servir les intérêts de nos usines prétendent que le chiffre de leurs produits annuels surpasse 65 millions de kilogrammes de fer laminé, et pourrait sans peine s'élever encore à mesure de l'augmentation des débouchés. Peut-être inférera-t-on de ces assertions que nos laminoirs pourraient facilement subvenir à la fois aux besoins des chemins de fer et à ceux de la consommation habituelle, bien qu'il soit constant que, quel que soit le chiffre réel de la production, elle est absorbée entièrement ; et, considérant dès lors comme une simple question de différence de prix la liberté d'importation réclamée en faveur des Compagnies, on conclura contre la concession de cette liberté. Nous répondrons d'abord que nous avons de bonnes raisons de croire à l'exactitude de notre estimation des produits actuels des usines françaises ; nous les avons même plutôt évalués au-dessus qu'au-dessous de la réalité (1); mais, s'il était vrai

(1) On peut regarder comme très exact le document ci-après, relatif à la production du fer laminé en France. Les premiers chiffres représentent ce que nos usines *produisent actuellement*, et les seconds ce qu'elles *pourraient produire*, en forçant la fabrication.

USINES.	PRODUITS ACTUELS en millions de kil.	PRODUITS POSSIBLES en millions de kil.	OBSERVATIONS.
CREUZOT (Saône-et-Loire).....	4	6	Ces quantités comprennent des tôles.
FOURCHAMBAULT (Allier).....	6	7	Une partie des produits de cette usine est absorbée par la marine.
LORETTE (à St.-Étienne, Loire).	5	6	Cette usine produit principalement des verges et fenderies.
SAINT-JULIEN (idem).......	5	6	» » de la tôle.
LAVOUTE (Ardèche)........	5	6	
DECAZEVILLE (Aveyron).....	6	8	
HAYANGE (Moselle).........	4	6	» » de la tôle.
BOLOGNE (Haute-Marne).....	2	3	
ABBAINVILLE (idem)........	3	4	» » des petits fers.
CHATILLON (Côte-d'Or)......	5	7	» » des verges.
MAISON-NEUVE (idem).......	2	3	
ALLAIS (Gard)............	»	6	
BASSE-INDRE (Loire-Inférieure).	»	4	
VALENCIENNES (Nord)......	8	10	» produit beaucoup de petits fers et de fenderies.
ATHIS, près de Paris.......	2	3	Ces usines ne peuvent produire qu'à des prix élevés. Athis tire beaucoup de ferrailles et de fers en massiaux de la Bourgogne et de la Champagne.
SAINT-MAUR, idem.........	»	3	
MONTATAIRE, idem.........	»	3	
TOTAUX....	57	91	

qu'ils pussent parvenir à satisfaire à tous les besoins à des conditions de qualité et de bon marché qui ne s'éloignassent pas trop de celles des producteurs étrangers, quels motifs auraient alors les producteurs français pour s'opposer à la libre importation des produits de leurs concurrens du dehors? Quel préjudice pourrait-elle leur porter? N'est-il pas évident que les Compagnies ne se donneraient pas les embarras d'aller chercher à l'étranger ce qu'elles pourraient trouver dans le pays même, sans trop de désavantage, en quantités et en qualités équivalentes? Peut-on supposer que, sans être excitées par l'avantage de l'économie ou forcées par la nécessité d'avoir les matériaux en temps utile, les Compagnies feraient usage, au détriment de l'industrie nationale, de la faculté de tirer librement de l'étranger ceux dont elles ont besoin? Si cette faculté ne devait procurer que peu ou point d'avantages aux concessionnaires, ils n'y auraient point recours.

« En conséquence, quel que soit l'état réel de l'industrie du fer en France, elle n'éprouverait pas le moindre dommage de la faveur demandée par les concessionnaires.

« Mais, si d'un côté nos usines n'ont rien à craindre des importations demandées, de l'autre les Compagnies ont tout à craindre des spéculations dont leurs besoins seraient l'objet; et ne fût-ce que pour les préserver du tort que leur feraient de semblables spéculations, il serait encore urgent de laisser les concessionnaires libres de se pourvoir des matériaux le mieux et le plus économiquement possible. »

A côté de ce plaidoyer en faveur de l'entrée franche des fers étrangers, nous placerons les faits présentés par M. Billaut, ami si éclairé et si consciencieux de l'industrie nouvelle, et nous verrons les conclusions qu'il en tire. « J'ai relevé, a-t-il dit à la Chambre, le chiffre des tonnes de fer nécessaires pour les travaux en projet; j'y ai comparé celui de la production française : il faudra, en huit ans environ, 23,000 tonnes par année; la production française de gros fers a été, en 1836, de 204,300 tonnes, en 1837, de 204,700 tonnes; la consommation ordinaire n'a pas excédé 200,000. Pour suffire aux besoins nouveaux, la production ne devra donc être augmentée que d'un dixième; les fabricans de fer s'y attendent et s'y préparent; ils peuvent, je crois, sans hausse sensible dans les prix, atteindre cette augmentation. Le Gouvernement et les Chambres ne doivent cependant pas fermer les yeux sur ce point. La perspective d'un besoin si considérable, la possibilité de monopole de certains gros fabricans, la concurrence des acheteurs concessionnaires se présentant tous à peu près ensemble pour lier immédiatement des marchés considérables, peuvent occasionner dans les cours un enchérissement, soit naturel, soit factice, contre lequel il ne faut pas rester désarmé. »

Les conséquences des deux opinions précédentes sont identiques, en ce qui touche les intérêts des actionnaires : c'est qu'il faut que le Gouvernement avise, ou en abaissant les droits d'importation, ou en obtenant des producteurs français un maximum de prix, au moyen de ne pas laisser élever d'une manière ruineuse pour les voies de fer le prix des fers français. Le dernier moyen que nous indiquons ici nous paraîtrait d'une exécution facile; un fait cité par *M. le Ministre des travaux publics* le prouve :

« L'année dernière le concessionnaire du chemin du Nord demanda l'introduction en franchise de 6,000 tonnes de fer, sur 32,500, chiffre auquel on évaluait la quantité totale nécessaire pour son entreprise. Il s'appuyait sur ce qu'il était lui-même fabricant de fer à l'étranger, et sur ce que ses forges étaient voisines de l'emplacement du chemin qu'il allait construire.

« Les fabricans français s'effrayèrent de cette disposition et de l'extension qu'on pourrait être conduit à lui donner, et ils déclarèrent que leurs forges pouvaient produire la quantité nécessaire pour les chemins de fer, et bien au-delà. Mais le Gouvernement ne pouvait pas se reposer sur de simples assertions verbales, et les fabricans français lui adressèrent par écrit leur engagement de fournir les quantités qui seraient demandées à 360 fr. la tonne.

« Il y a lieu de croire que la demande venant à croître n'amènerait pas une hausse, mais, bien au contraire, une baisse dans les prix. En effet, ce n'est ni le minerai ni le combustible qui manquent. Mais l'établissement de pareilles usines exige toujours des avances considérables, dont la fabrication doit payer l'intérêt ; il en est de même des frais généraux, qui sont fort élevés. Or, la consommation venant à augmenter, ces intérêts des premiers capitaux et ces frais généraux seraient répartis sur de plus grandes masses de produits, et les prix seraient diminués d'autant, en même temps que les bénéfices des propriétaires de forges s'accroîtraient.

« Les faits qui se passent en ce moment sous nos yeux viendraient à l'appui de ces conjectures ; car, quoique la demande ait augmenté, les prix ont baissé.

« Si, au contraire, on crée une concurrence inattendue par une réduction ou une suppression des droits existans, on dérangera toutes les combinaisons faites sur la base de ces droits et on compromettra l'avenir de nos forges.

« Une seule précaution est à prendre contre l'action de causes imprévues; elle consisterait à autoriser le Gouvernement à abaisser les droits sur les rails si la proportion entre les demandes et la fabrication élevait le prix au-dessus du taux actuel. On constaterait le prix par l'examen des marchés passés depuis quelque temps pour les grandes fournitures. » (Extrait des procès-verbaux de la commission d'enquête.)

Ces dispositions, de la part du Gouvernement, sont de nature à rassurer les actionnaires, et de plus, à cause des formalités à remplir et des travaux préparatoires pour l'établissement des rails, aucune commande ne sera nécessaire avant la session de 1839. Mais nous pensons, avec M. Billaut, qu'il est bon que, dès les premiers mois de la session, une loi spéciale soit présentée.

Nos ingénieurs ont estimé le mètre courant de voie double à 80 francs; la base de cette estimation a été fournie par les ingénieurs belges : le fer étant à 400 francs la tonne, *l'établissement d'un mètre courant de voie simple, comprenant rails, coussinets, chevilles, clavettes, traverses en bois, massif de fondation et engravellement, banquettes et rigoles, pose*, etc., coûte 41 francs.

RÉSUMÉ.

Après cet examen de chacun des élémens relatifs aux frais de premier établissement, nos lecteurs comprendront comment les chemins de fer établis en pays étrangers peuvent varier, sous le rapport du prix, à tel point que l'Angleterre paie la lieue, sur plusieurs lignes, 2,500,000 fr.; que la Belgique dépense, en moyenne, 500,000 fr., pour le même objet; et l'Amérique, 250,000 fr. seulement. Un exemple les mettra à même d'apprécier les causes de ces différences, ils comprendront aussi combien il leur importe de peser, dans les entreprises de cette nature, chacun des articles de dépense compris dans notre chapitre 4.

La longueur totale du tracé du chemin de fer de Paris au Havre par Rouen et le plateau de la Normandie, *dans l'étude* n° 1 de M. Defontaine, a 223,607 mètres 43 centimètres ou cinquante-six lieues, dont 159,942 mètres 85 centimètres (quarante lieues) en ligne droite, et 63,664 mètres, 58 centimètres (seize lieues) en ligne courbe.

La somme des alignemens rectilignes est donc à peu près les $\frac{5}{7}$ de la longueur du développement total. Les $\frac{2}{7}$ du tracé en parties curvilignes se composant de 90 portions de cercle de rayons différens, trois de ces courbes ont 800 mètres, 87 ont de 1,000 à 5,000 mètres de rayons.

La pente *maximum* du tracé entre Paris et le Havre ne dépasse pas trois millimètres et demi (0^m 0035) par mètre ; elle varie entre 0^m 0015 et 0^m 0035 ; le railway est horizontal sur la huitième partie de sa longueur.

Le chemin de fer est à deux voies ; il a 7 mètres 50 centimètres de largeur en crête (80 centimètres de moins que dans le cahier des charges).

La *surface de terrain* à acquérir pour l'établissement du chemin et de ses dépendances est de 533 hectares 4 ares 97 centiares, lesquels, à divers prix fixés suivant leurs différentes natures, présentent une dépense évaluée à.................... 4,450,000 fr. 00 c.

Ce qui donne par lieue environ 79,464 f. 28 cent., et par hectare 8,348 fr.

Le *volume des terrassemens* à exécuter, eu égard aux grands rem-

A reporter... 4,450,000 fr. 00 c.

Report...	4,450,000 fr. 00 c.
blais qui doivent être faits aux passages des vallées d'Andelle, du Cailly, de la Lezarde, et sur d'autres vallons secondaires à Saint-Denis, près de Maromme, vers Pavilly, au passage du Val de Bolbec, et aux déblais à effectuer pour les tranchées aux abords des souterrains, s'élève à 23,317,644 mètres cubes, lesquels seront transportés par des voies de fer provisoires, à différentes distances, ainsi que l'exprime le devis estimatif. Ces terrassemens exigeront une dépense évaluée.....	18,050,000 00
Ce qui donne par lieue 322,321 fr.	
Pour la *voie de fer à 4 rails*, avec dés en pierre de taille, et con-	
A reporter...	22,500,000 fr. 00 c.

Report... 22,500,000 fr. 00 c.

venablement consolidés en bon empierrement, la longueur de la double voie, y compris les gares d'évitement pour la sûreté du parcours, ainsi que celles qui seront nécessaires pour les stationnemens et leurs dégagemens, présentera un développement de 233,827 mètres.

La dépense, y compris l'établissement provisoire des rails sur bois dans les parties en grands remblais, est évaluée à. 18,191,631 00

Ce qui donne pour la lieue de voie de fer 324,850 fr. 55 cent.

Les souterrains à ouvrir sur la direction du chemin de fer de Paris au Havre par Rouen seront au nombre de treize, dont la plupart ne

A reporter... 40,691,631 fr. 00 c.

Report...	40,691,631 fr. 00 c.
sont, à cause de leur peu de longueur, que de simples percées ordinaires.	
La longueur totale de ces souterrains et percées est de 10,400 mètres.	
La dépense totale de ces travaux est évaluée à	9,256,000 00
Toutes les routes royales et départementales, ainsi que les chemins vicinaux les plus importans rencontrés par le railway, seront passées soit par dessous, soit par dessus; des viaducs en maçonnerie, au nombre de deux cent trente-six, seront construits à cet effet. Des communications secondaires seront seules passées de niveau; plusieurs seront rectifiées et d'autres supprimées.	
Les rivières d'Oise, de	
A reporter...	49,947,631 fr. 00 c.

Report... 49,947,631 fr. 00 c.

l'Epte et de l'Andelle, et les ruisseaux de la Viosne, du Réveillon, de la Bonde, de Mortemer, de Ry, de la Robec, du Cailly, ainsi que le canal Saint-Denis, seront passés sur des viaducs plus ou moins élevés, qui seront construits en maçonnerie et en fonte de fer; les ponts acquéducs seront au nombre de quarante-six.

Cinquante-un acquéducs en maçonnerie favoriseront l'écoulement des eaux pluviales.

La dépense pour tous ces travaux d'art est de. 7,350,041 68

Les frais de construction pour les bâtimens nécessaires à l'exploitation du chemin et à l'emmagasinement provisoire des marchan-

A reporter... 57,297,672 fr. 68 c.

Report. . .	57,297,672 fr. 68 c.
dises, sont évalués à. . .	2,800,000 00
Ce qui donne par lieue, pour les souterrains, viaducs, aquéducs, ponts, ponceaux, constructions, etc. 344,750 fr.	
TOTAL GÉNÉRAL pour cinquante-six lieues. . .	60,097,672 fr. 68 c.

Si nous ajoutons à cette dépense les frais d'acquisition du matériel pour la même ligne, nous avons :

1°. Cinq cents wagons sur ressorts pour le transport des marchandises, à 800 fr. l'un, 400,000 fr. 00 c.

2°. Soixante-neuf machines pour traction des marchandises et des voyageurs, à 25,000 fr. l'une, 1,725,000 fr. 00 c.

3°. Cent vingt diligences pour le transport

A reporter. . .	60,097,672 fr. 68 c.

Report . .	60,097,672 fr. 68 c.
des voyageurs à 4,000 f. l'une, prix moyen, 480,000 fr. 00 c.	
Le prix du matériel d'exploitation est donc de.	2,605,000 00
Ce qui donne par lieue, pour le prix du matériel, 47,089 fr. 28 cent.	
TOTAL GÉNÉRAL pour la ligne de cinquante-six lieues en activité.	62,702,672 fr. 68 c.

La lieue de chemin de fer en activité sur la ligne de Paris au Havre, dans l'état actuel de la science, avec des conditions à peu près conformes à celles du cahier des charges, coûterait 1,120,262 fr. 01 c. environ.

Ce chemin est renfermé dans des limites précises de terrain, de tracé, de courbes, de pentes, de travaux d'art, de rails. Son prix de revient est élevé pour toutes ces raisons.

Mais si nous supposons une autre direction, l'industrie libre dans son action, satisfaisant seulement aux conditions de sécurité des voyageurs, de solidité de la voie, et produisant au meilleur marché possible, pour obtenir une vitesse de quatre à six lieues, nous aurons des résultats tout différens.

Voyons quel pourrait être, dans ce cas, le prix de revient d'un *chemin de même longueur* (*cinquante-six lieues*) en France, en acceptant les évaluations du tracé précédent pour les terrassemens, travaux d'art, voies de fer, et matériel d'exploitation.

1°. Les 533 hectares de terrains nécessaires à l'établissement du chemin et de ses dépendances pourront coûter *au plus*, comme le prouvent les exemples *de la Teste*, d'une partie du Berry, de la Touraine, etc. 500 fr. l'un . . . . 266,500 fr. 00 c.

2°. Les terrassemens, en supposant un terrain dont l'aspect se rapporte à ce que nous offre la route de Paris à Orléans, avec des pentes maximum de 5 millimètres, des courbes de 500 mètres de rayon, avec l'emploi de machines fixes pour les pentes plus fortes, celle qui se rencontre vers Étampes, par

A reporter . . . 266,500 fr. 00 c.

Report. . .	266,500 fr.	00 c.
exemple, seront *au plus*, pour la quantité, le quart des terrassemens de la ligne du Havre, et coûteront, en conséquence. . .	4,515,000	00
3°. Les rails, pesant 11 kilogrammes le mètre courant, comme ceux du chemin d'Épinac, au lieu de 20, reposant sur des dés en bois, comme ceux des chemins belges, coûteront au plus la moitié, ci.	9,095,815	50
4°. Les souterrains, avec les pentes possibles de 0m005 et les courbes de 500 mètres de rayon, avec des machines fixes qui permettraient d'éviter les plus considérables, coûteraient au plus le dixième de l'estimation pour le tracé de Paris au Havre.	925,600	00
A reporter. . .	14,802,915 fr.	50 c.

Report...	14,802,915 fr. 50 c.
5°. Les viaducs, au nombre de deux cent trente-six, seraient annulés en faisant traverser à niveau, comme en Belgique, les routes royales et départementales, ainsi que les chemins vicinaux. Resteraient donc les quarante-six ponts dont on pourrait diminuer les frais de revient en adoptant le système des ponts tournans de la Belgique, et les cinquante et un aqueducs pour l'écoulement des eaux pluviales. Les travaux d'art ainsi réduits ne dépasseraient pas le quart de l'estimation précédente, ci.	1,837,510 42
(Voir le détail des estimations dans le devis estimatif du travail de M. Defontaine, p. 174.)	
A reporter...	16,640,425 fr. 92 c.

Report . .	16,640,425 fr.	92 c.
6°. Les bâtimens d'exploitation coûteraient autant.	2,800,000	00
7°. Le matériel d'exploitation coûterait autant.	2,605,000	00
TOTAL GÉNÉRAL pour une ligne de cinquante-six lieues en activité. . . .	22,045,425 fr.	92 c.

Nous aurions pu présenter encore d'autres modifications dans la structure du chemin de fer ; elles auraient abaissé le montant du prix de revient : ainsi, aux rails tout en fer nous aurions pu substituer, comme en Amérique, de longues poutres sur lesquelles sont fixées, au moyen de vis, des barres de fer plates. Les ingénieurs américains font reposer ces poutres sur des solives placées de trois pieds en trois pieds, transversalement à la route, auxquelles elles adhèrent par des entailles dans lesquelles les poutres sont maintenues et serrées avec des coins.

Toutefois, sans pousser plus loin les réductions, il découle du rapprochement que nous venons de faire, les conclusions suivantes :

1°. La cause des différences énormes entre les

chemins de fer des différens pays est expliqué et toute facile à comprendre ;

2°. Les chemins à grande vitesse, de 8 à 12 lieues à l'heure, peuvent, selon les localités, selon le mode d'exécution, être remplacés par des chemins d'une vitesse de 4 à 6 lieues à l'heure, les premiers coûtant en frais de premier établissement d'un million à 1,500,000 fr.; les seconds, de 3 à 500,000 fr. seulement;

3°. Les actionnaires en France viennent contribuer à l'établissement de chemins à grande vitesse ;

4°. Le prix de revient de ces chemins, par le fait de leur destination, d'après l'aspect général du sol en France, d'après la direction des grandes lignes, d'après les clauses des cahiers des charges qui les régissent, etc., sera, en moyenne par lieue, d'un million à un million et demi, sauf quelques rares exceptions en plus ou en moins ;

Ces faits nous paraissent de nature à fixer les actionnaires sur l'une des parties les plus importantes de la question qui les intéresse. Nous allons continuer l'examen des conditions qui, sans avoir rapport au prix de revient, modifient, limitent ou augmentent, dans la pratique, les chances qui leur sont favorables. Nous étudierons d'abord les réserves faites par le Gouvernement au profit de l'État.

§. 8. Réserves au profit de l'État.

Le principe de la libre circulation pour des machines et des wagons autres que ceux appartenant à la Compagnie a été établi en droit par des clauses de tous les cahiers des charges : quoiqu'il soit resté sans application, il a nécessité la division du tarif en deux parties, l'une qui représente le prix du passage sur le chemin de fer ou le loyer (*péage*), l'autre qui représente les frais de traction ou de locomotion (*transport*).

Cette explication anticipée sur la nature des tarifs est ici nécessaire pour l'intelligence des réserves faites au profit de l'État.

1°. Les lettres et dépêches, convoyées par un agent du Gouvernement, seront transportées gratuitement sur toute l'étendue du chemin de fer. A cet effet, la Compagnie sera tenue de réserver, à chaque départ de voyageurs, à l'arrière du train des voitures, un coffre suffisamment grand et fermant à clé, ainsi qu'une place convenable pour le courrier chargé d'accompagner les dépêches.

2°. Les militaires en service, voyageant en corps ou isolément, ne seront assujétis, eux et leurs bagages, qu'à la moitié de la taxe du tarif.

Si le Gouvernement avait besoin de diriger des troupes et un matériel militaire sur un des points desservis par les lignes de chemins de fer, la Compagnie serait tenue de mettre immédiatement à sa disposition, et à moitié de la taxe du tarif, tous les moyens de transport établis pour l'exploitation du chemin de fer.

3°. La contribution foncière sera établie en raison de la surface des terrains occupés par le chemin de fer et par ses dépendances; la cote en sera calculée comme pour les canaux, conformément à la loi du 25 avril 1803.

Les bâtimens et magasins dépendant de l'exploitation du chemin de fer seront assimilés aux propriétés bâties dans la localité.

L'impôt dû au Trésor sur le prix des places ne sera prélevé que sur la partie du tarif correspondant *au prix de transport des voyageurs*.

4°. Le retour à l'État, après un laps de temps qui semble devoir varier de 70 à 99 ans, a été mentionné plus haut.

5°. A toute époque, après l'expiration des quinze premières années, à dater du délai fixé pour l'achèvement des travaux, le Gouvernement aura la faculté de racheter la concession entière du chemin de fer. Pour régler le prix du rachat, on relèvera les dividendes distribués aux actionnaires pendant les sept années qui auront précédé celle où le rachat sera effectué; on en déduira les deux plus faibles dividendes, et l'on établira le dividende moyen des cinq autres années.

Il sera, en outre, ajouté à ce dividende moyen le tiers de son montant si le rachat a lieu dans la première période de quinze années, à dater de l'époque où le droit en est ouvert au Gouvernement; un quart si le rachat n'est opéré que dans la seconde période de quinze années, et un cinquième seulement pour les autres périodes.

Le dividende moyen accru, ainsi qu'on vient de le dire dans le paragraphe précédent, formera le montant d'une annuité qui sera due et payée à la Compagnie pendant chacune des années restant à courir sur la durée de la concession.

Nous ne comprenons pas que le Gouvernement, avec cet esprit de justice et de sagesse dont il nous a donné des preuves dans le cours de ces études, ait pu imposer aux Compagnies l'obligation du transport gratuit des lettres et des dépêches. En vertu de quels principes les charge-t-il de cette tâche? Leur position est-elle si nettement connue à l'avance qu'il n'ait point à craindre de contribuer à la rendre ruineuse? Le Gouvernement ne devait-il pas, au contraire, profiter de cette occasion pour offrir une légère prime aux Compagnies, tout en opérant une économie du tiers ou du quart sur les dépenses du service actuel ? Des précédens auraient dû le fixer à ce dernier parti : en Allemagne, où l'on a songé à confier aux chemins de fer le service des dépêches, il est payé par abonnement avec le Trésor public.

Le transport à moitié prix du matériel et du personnel de la guerre est une seconde charge imposée aux chemins de fer en France ; nous ne la trouvons pas plus motivée que la précédente ; elle n'existe en aucun autre pays ; mais cette clause est beaucoup moins onéreuse qu'elle ne le paraît, le Gouvernement ne devant en user que dans des cas exceptionnels nécessairement fort rares.

« L'impôt du dixième sur les voyageurs, dit M. Billaut, impôt qui réagit sur l'ensemble de l'entreprise, puisqu'il élève le prix des places et s'oppose d'autant à l'accroissement du nombre des voyageurs, l'impôt du dixième ne se perçoit qu'en France : ainsi, nous imposons à nos chemins des conditions plus onéreuses que partout ailleurs. »

Le Gouvernement, sur les trois points que nous venons d'examiner, pouvait réserver ses droits pour l'avenir ; mais, convaincu comme il l'est de la nécessité actuelle de sa protection pour l'industrie nouvelle, il aurait dû considérer comme un devoir de conscience de l'affranchir de ces charges. Nous ne nous appesantirons pas plus long-temps sur les réserves au profit de l'État; l'étude comparée des frais d'entretien et des produits probables sur la fixation des tarifs nous y ramènera.

§ 9. Réserves en faveur des autres entreprises.

Ces réserves sont, dans des limites convenables, une garantie nécessaire pour les autres industries; la justice en fait un devoir :

1°. Dans le cas où le Gouvernement ordonnerait ou autoriserait la construction de routes royales, départementales ou vicinales, de canaux ou de chemins de fer qui traverseraient le chemin de fer concédé, la Compagnie ne pourra mettre obstacle à ces traversées; mais toutes dispositions seront prises pour qu'il n'en résulte aucun obstacle à la construction ou au service du chemin de fer, ni aucuns frais pour la Compagnie.

2°. Toute exécution, ou toute autre autorisation ultérieure de route, de canal, de chemin de fer, de travaux de navigation dans la contrée où est situé le chemin de fer projeté, ou dans toute autre contrée voisine ou éloignée, ne pourra donner ouverture à aucune demande en indemnité de la part de la Compagnie.

3°. Le Gouvernement se réserve expressément le droit d'accorder de nouvelles concessions de chemin de fer d'embranchement ou de prolongement.

La Compagnie ne pourra mettre aucun obstacle à ces embranchemens ou prolongemens, ni réclamer, à l'occasion de leur établissement, aucune indemnité quelconque, pourvu qu'il n'en résulte aucun obstacle à la circulation, ni aucuns frais particuliers pour la Compagnie.

Les Compagnies concessionnaires des chemins de fer d'embranchement ou de prolongement auront la faculté, moyennant les tarifs ci-dessus déterminés et l'observation des réglemens de police et de service établis ou à établir, de faire circuler leurs voitures, wagons et machines sur le chemin de fer de la ligne principale. Cette faculté sera réciproque pour ce dernier chemin, à l'égard desdits embranchemens et prolongemens.

4°. Si la ligne du chemin de fer traverse un sol déjà concédé pour l'exploitation d'une mine, l'administration déterminera les mesures à prendre pour que l'établissement du chemin de fer ne nuise pas à l'exploitation de la mine, et réciproquement, pour que, le cas échéant, l'exploitation de la mine ne compromette pas l'existence du chemin de fer.

Les travaux de consolidation à faire dans l'intérieur de la mine, à raison de la traversée du chemin de fer, et tous dommages résultant de cette traversée pour les concessionnaires de la mine, seront à la charge de la Compagnie.

5°. Si le chemin de fer doit s'étendre sur des terrains qui renferment des carrières, ou les traverser souterrainement, il ne pourra être livré à la circulation avant que les excavations qui pourraient en compromettre la solidité, aient été remblayées ou consolidées. L'administration déterminera la nature et l'étendue des travaux qu'il conviendra d'entreprendre à cet effet, et qui seront d'ailleurs exécutés par les soins et aux frais de la Compagnie du chemin de fer.

6°. Les indemnités, pour occupation temporaire ou détérioration de terrains, pour chômage, modifications ou destructions d'usines, pour tout dommage quelconque résultant des travaux, seront supportées et payées par la Compagnie.

La plupart de ces réserves sont de droit commun et ne peuvent soulever une réclamation fondée de la part des intéressés dans une grande ligne de chemin de fer. Cependant, lorsque nous aurons étudié la question des frais d'entretien et celle des tarifs, nous pourrons examiner si le droit de parcours libre, sauf l'acquittement du *péage*, donné aux embranchemens et prolongemens, est une charge ou un avantage pour la ligne principale; si, dans la première supposition, la réciprocité de droits accordée à la ligne principale est une compensation suffisante pour elle.

Plus nous avançons dans l'examen des clauses qui se rapportent plus particulièrement aux frais de premier établissement, plus nous constatons leur liaison intime avec les frais d'entretien et la fixation des tarifs. C'est une corrélation naturelle qu'il suffit de signaler pour que tout le monde la saisisse. Il est bien évident que plus les frais d'entretien seront considérables, plus les droits de péage devront être élevés; que la quotité de ces droits doit au moins couvrir les frais d'entretien et de réparation amenés par la pratique libre du chemin; que les tarifs, dont l'objet est de couvrir les frais d'entretien, de servir l'intérêt des capitaux avancés, de fournir à leur amortissement et d'offrir aux actionnaires un dividende plus ou moins élevé pour les risques qu'ils ont pu courir dans l'entreprise, il est évident, disons-nous, que les tarifs devront être proportionnels à la somme de ces besoins divers.

Hâtons-nous donc de compléter la connaissance des diverses conditions qui se rapportent d'une manière plus ou moins directe aux dépenses de premier établissement, pour passer ensuite à l'étude des frais d'entretien.

§. 10. Surveillance des travaux. — Réception.

1°. Pendant la durée des travaux, qu'elle exécutera d'ailleurs par des moyens et des agens de son choix, la Compagnie sera soumise au contrôle et à la surveillance de l'administration. Ce contrôle et cette surveillance auront pour objet d'empêcher la Compagnie de s'écarter des dispositions qui lui sont prescrites par le présent cahier des charges.

2°. A mesure que les travaux seront terminés sur des parties du chemin de fer, de manière que ces parties puissent être livrées à la circulation, il sera procédé à leur réception par un ou plusieurs commissaires que l'administration désignera. Le procès-verbal du ou des commissaires délégués ne sera valable qu'après homologation par l'administration supérieure.

Après cette homologation, la Compagnie pourra mettre en service lesdites parties de chemin de fer, et y percevoir les droits de péage et les frais de transport ci-après déterminés.

Toutefois, ces réceptions partielles ne deviendront définitives que par la réception générale et définitive du chemin de fer.

3°. Après l'achèvement total des travaux, la Compagnie fera faire à ses frais un bornage contradictoire et un plan cadastral de toutes les parties du chemin de fer et de ses dépendances; elle fera dresser également à ses frais, et contradictoirement avec l'administration, un état descriptif des ponts, aqueducs et autres ouvrages d'art qui auront été établis conformément aux conditions du cahier des charges

Une expédition dûment certifiée des procès-verbaux de bornage, du plan cadastral, et de l'état descriptif, sera déposée, aux frais de la Compagnie, dans les archives de l'administration des ponts et chaussées.

4°. Les frais de visite, de surveillance et de réception des travaux seront supportés par la Compagnie.

Ces frais seront réglés par le directeur-général des ponts et chaussées et des mines, sur la proposition du préfet du département, et la Compagnie sera tenue d'en verser le montant dans la caisse du receveur-général, pour être distribué à qui de droit.

En cas de non-versement dans le délai fixé, le préfet rendra un rôle exécutoire, et le montant en sera recouvré comme en matière de contribution publique.

Telles sont les dernières prescriptions à observer avant la mise en activité de la ligne.

CHAPITRE V.

Frais d'entretien, d'administration et de locomotion.

Nous nous sommes abstenu de dire notre avis sur les dernières clauses, et nous désirons qu'il soit bien entendu que nous n'avons donné notre dernier mot sur aucune. Cette réserve était nécessaire; car, si l'étude des tarifs fixés par le Gouvernement et acceptés par les Compagnies venait nous prouver qu'ils offrent une ressource suffisante pour répondre à tous les besoins, nos observations critiques auraient été sans objet.

Les frais d'entretien, d'administration et de locomotion étant encore une charge à l'acquittement de laquelle les tarifs auront à pourvoir, doivent être appreciés ici. Les obligations imposées aux propriétaires des chemins pour ce triple objet sont dictées par la justice et la raison; ainsi :

1°. Les chemins de fer et toutes leurs dépendances devront être constamment entretenus en bon état et de manière que la circulation soit toujours facile et sûre.

L'état des chemins de fer et de leurs dépendances sera reconnu annuellement, et plus souvent, en cas d'urgence et d'accidens, par un ou plusieurs commissaires que désignera l'administration.

Les frais d'entretien et ceux de réparation, soit ordinaires, soit extraordinaires, resteront entièrement à la charge des Compagnies.

Pour ce qui concerne cet entretien et ces réparations, les Compagnies demeurent soumises au contrôle et à la surveillance de l'administration.

Si les chemins de fer, une fois terminés, ne sont pas constamment entretenus en bon état, il y sera pourvu d'office à la diligence de l'administration et aux frais des Compagnies concessionnaires. Le montant des avances faites sera recouvré par des rôles que le préfet du département rendra exécutoires.

2°. Pour chaque Compagnie, des réglemens d'administration publique, rendus après que la Compagnie aura été entendue, détermineront les mesures et les dispositions nécessaires pour assurer la police, la sûreté, l'usage et la conservation des chemins de fer et des ouvrages qui en dépendent. Toutes les dépenses qu'entraînera l'exécution de ces mesures et de ces dispositions, resteront à la charge de la Compagnie.

La Compagnie est autorisée à faire, sous l'approbation de l'administration, les réglemens qu'elle jugera utiles pour le service et l'exploitation du chemin de fer.

Les réglemens dont il s'agit dans les deux paragraphes précédens seront obligatoires pour la Compagnie.

3°. Au moyen de la perception des droits et des prix réglés dans les tarifs, les Compagnies contractent l'obligation d'exécuter constamment avec soin, exactitude et célérité, à leurs frais et par leurs propres moyens, le transport des voyageurs, bestiaux, denrées, marchandises et matières quelconques qui lui seront confiés.

Les frais accessoires non mentionnés aux tarifs, tels que ceux de chargement, de déchargement et d'entrepôt dans les gares et magasins des Compagnies, seront fixés par un réglement qui sera soumis à l'approbation de l'administration supérieure.

4°. Les agens et gardes que les Compagnies établiront, soit pour opérer la perception des droits, soit pour la surveillance et la police des chemins de fer et des ouvrages qui en dépendent, pourront être assermentés et seront dans ce cas assimilés aux gardes champêtres.

Ces conditions des cahiers des charges sont les dispositions qui ont le plus spécialement rapport aux frais d'entretien, d'administration et de locomotion; on voit qu'elles n'imposent pas aux Compagnies des charges beaucoup plus onéreuses que celles qui résultent d'une bonne administration agissant en liberté.

Mais quelle est la somme de ces frais sur les chemins de fer en activité? Quelle sera-t-elle sur les grandes lignes auxquelles les actionnaires viennent apporter leurs capitaux? La réponse à la première question est des plus difficiles : les comptes des Compagnies étrangères n'offrent pas, pour la répartition des frais de nature différente, toute la clarté désirable; ceux du Gouvernement belge ont sensiblement varié d'une année à l'autre, sous le rapport des frais comme sous celui des recettes. Pour la seconde question, nous avons des appréciations de plusieurs hommes d'un grand mérite et d'une habitude des affaires bien reconnue; ces appréciations diffèrent considérablement. Pourtant, en rapprochant les faits authentiques et les évaluations des hommes de pratique, nous espérons arriver à des chiffres d'une assez grande exactitude.

Une observation importante doit précéder nos calculs : les dépenses de locomotion et d'administration d'un chemin de long parcours sont, toutes choses égales d'ailleurs, moindres que celles d'un chemin court.

En effet, dit M. Vallée, les frais de coke, de mécanicien et d'usure de machines, pour chauffer et préparer une locomotive, et pour la mettre en état d'agir; le temps perdu par les voitures et les wagons en chargement, temps considérable par rapport à celui qu'exige le parcours; les frais d'un matériel très cher; les frais de commis, bureaux, magasins, etc., sont des élémens du prix de locomotion beaucoup plus grands, proportion gardée, pour un chemin comme celui de St.-Germain, que pour un chemin comme celui, par exemple, de Paris à Gand, puisqu'ils se répartissent sur un nombre de lieues beaucoup moindre. Si l'on faisait le calcul avec soin, pour des chemins de cinq et de cent lieues, en ne comptant que les dépenses de coke, de voitures et de wagons, on serait étonné de la différence qu'on obtiendrait.

Il s'ensuit qu'en exécutant des chemins de fer comme ceux de Manchester à Liverpool, de Lyon à St.-Étienne, on s'est trouvé, toutes choses d'ailleurs égales, dans des conditions bien moins avantageuses que si les villes de Liverpool et de Manchester, de Lyon et de St.-Étienne, pour l'état de la circulation qu'elles présentent, avaient été séparées par des distances plus grandes.

Il faut donc poser en principe que les chemins de fer qui font communiquer les lieux les plus éloignés sont ceux qui, à égalité de transports, permettent de rentrer le plus promptement dans le capital avancé pour l'exécution.

Les frais d'entretien et d'exploitation doivent varier selon la fréquentation, selon le prix du coke, de la main d'œuvre, etc. Nous aurons donc besoin de faire connaître à l'avance, pour déterminer le taux probable de nos chemins, les points de comparaison que nous choisirons.

En Belgique, pendant l'année 1837, quinze lieues de chemin de fer, coûtant de frais de premier établissement 7,500,000 fr., matériel d'exploitation compris, ont transporté 1,284,540 voyageurs, qui ont fourni une recette brute de 1,235,645 fr. 28 c.; les frais d'entretien et d'exploitation se sont élevés à 831,950 fr. 64 c.: d'où il est résulté un bénéfice net de 403,694 fr. 64 c.

Les frais d'entretien et d'exploitation ont donc été, par lieue et pour l'année, de 55,463 fr. 33 c.

Ce chiffe confond toutes les dépenses qu'il importe de présenter séparées. Recherchons donc d'abord les faits relatifs aux frais d'entretien proprement dit.

§. 1er. Frais d'entretien proprement dit.

D'après l'expérience déjà acquise en Belgique, dit M. Vallée, on estime que l'entretien, pour deux voies, ne dépassera pas, en général, 3 fr. par mètre et par an. MM. Simon et de Ridder attribuent 1°. à l'emploi des locomotives à six roues, 2°. à la pose des rails sur bois, le peu de dégradation qu'éprouvent leurs chemins.

M. Vallée, sur ces faits, a évalué les frais d'entretien, sur nos grandes lignes à créer, à la somme de 3,000 fr. par kilomètre, ou 12,000 fr. par lieue, pour un an.

Pour la même distance (la lieue) et le même temps (l'année), les frais d'entretien proprement dit ont été, sur le chemin de Liverpool à Manchester, de 30,000 fr.

Ceux du chemin de St.-Étienne, de 25,000 fr. par lieue pour l'année 1836.

Si l'on se rappelle que les chemins de Belgique ne transportent que des voyageurs, tandis que les deux autres ont à faire face aux frais d'entretien résultant du transport des marchandises, on verra que ces trois chiffres n'ont rien de contradictoire.

L'évaluation de l'honorable M. Billaut offre des résultats tout différens : il estime les frais d'entretien à 6 pour 100 du capital primitif. En acceptant cette base, le chemin de Liverpool à Manchester, dont le prix de revient est de 2,600,000 fr. par lieue, coûterait de frais d'entretien 156,000 fr.; celui de Lyon à Saint-

Etienne, qui est revenu à 1,000,000 fr., coûterait 60,000 fr.; ceux de Belgique, qui coûtent en moyenne 500,000 fr., auraient pour coût d'entretien correspondant 30,000 fr. Il résulterait de cette proportion que plus un chemin aurait coûté dans l'origine et serait par conséquent solide, plus il coûterait de frais d'entretien. Un tel principe ne peut-être admis, puisqu'il conduit à des conséquences si complétement opposées au raisonnement et à l'expérience, à des conséquences que l'on peut dire absurdes.

Nous regrettons que ce rapprochement ne soit pas venu à l'esprit de l'honorable député; il aurait choisi une base différente et nous aurait fourni des chiffres utiles.

Revenons donc aux données fournies par la pratique. 30,000 fr., 25,000 fr., 12,000 fr. représentent les *frais d'entretien* des chemins de fer, dans des pays différens et dans des circonstances diverses.

Il sera nécessaire d'ajouter à ces frais d'entretien proprement dit une réserve annuelle calculée de manière à pouvoir renouveler les rails tous les quinze ans, les locomotives tous les dix-huit mois, les voitures et wagons tous les quatre ans.

Or, 1°. sur une ligne étendue (de 30 à 100 lieues), le prix des rails pesant 20 kilogrammes par mètre courant, est le quart environ de la dépense totale, et si la lieue revient à 1,200,000 fr., la voie de fer figure pour 300,000 fr. : c'est donc cette dernière somme qu'il faut retrouver dans l'espace de 15 années; c'est donc 20,000 fr. qu'il faut ajouter par an aux frais d'entretien exposés plus haut. Mais si l'on se met à faire cette réserve dès le commencement, l'argent placé à 5 pour 100 sera plus que doublé pour les trois premières années. Il est donc nécessaire, même en ne tenant pas compte des bonifications des années suivantes, de réduire à 16,000 fr. par lieue et par an la somme qui représente le renouvellement des rails; cette estimation est très large, comme on le voit : elle porte nos chiffres à 46,000 fr. pour l'Angleterre, à 41,000 fr. pour le chemin de Saint-Étienne, et à 28,000 fr. pour ceux de la Belgique.

2°. Les locomotives, voitures et wagons, dont nous supposerons le renouvellement nécessaire tous les trois ans, pour faire une part plus large encore que l'honorable député dont nous étudions l'opinion, figurent dans les dépenses de premier établissement *des grandes lignes* pour le trentième environ. Si donc la lieue en activité revient à 1,200,000 fr., la dépense des locomotives, voitures et wagons y figure pour 40,000 fr. par lieue, et comme il faut retrouver cette somme en trois années, la réserve pour cet objet s'élèvera par an à 13,333 fr. Cette nouvelle addition faite aux sommes précédemment obtenues donne pour l'entretien proprement dit, pour le renouvellement de la voie de fer et pour celui des machines et des voitures, 59,333 fr., 54,333 fr. et 41,333 fr.

Ces calculs, fondés sur les travaux de MM. Pillet-Will, Wood, Michel Chevalier, sur les rapports des Compagnies en exploitation, sur les rapports du Gouvernement belge, et enfin sur les devis estimatifs de MM. Vallée et Defontaine, sont présentés ici comme dignes de toute confiance.

Nous avons à remarquer, de plus, que les chemins de Liverpool à Manchester, et de St-Étienne, auxquels répondent les deux chiffres 59,333 fr. et 54,333 fr., sont dans une position exceptionnelle; qu'ils ont été établis, dans le principe, pour le transport exclusif des marchandises, et qu'ils en ont porté un grand nombre de tonnes chaque année : si donc nous adoptions l'un des deux, nous serions, selon toute probabilité, au-dessus des prévisions.

D'après ces considérations, la somme de 47,833 fr., moyenne entre 41,333 fr. obtenus pour les chemins de la Belgique, qui ne transportent que des voyageurs, et 54,333 fr. obtenus pour le chemin de Saint-Étienne, qui est chargé d'une quantité de marchandises énorme, nous paraît, pour frais d'entretien proprement dit des chemins de Paris au Havre, et de Paris à Orléans, y compris la réserve pour renouvellement de voie et de matériel, une estimation large et suffisamment élevée par lieue et par an : nous poserons donc 47,833 fr., ou, pour simplifier les calculs, 48,000 fr. d'entretien.

§. 2. Frais de locomotion et d'administration.

Cette seconde partie des dépenses d'entretien se rapporte tout spécialement aux machines locomotives, aux wagons, à la consommation du charbon et aux frais du personnel ; elle est plus variable encore que la précédente, selon le nombre des voyageurs et la quantité des marchandises à transporter. M. Vallée, dans sa onzième note, où il examine les résultats obtenus en Belgique quant aux transports et aux produits, arrive à ce résultat d'ensemble, que le frêt a coûté au Gouvernement belge, par voyageur et par kilomètre parcouru, dans la première année, 0 fr., 0135 pour machines, diligences, mécaniciens, domestiques, garde-convois, graisse, coke, réparations, direction et surveillance du matériel, administration des recettes, contrôle, etc. Cette évaluation, avec le nombre des voyageurs porté à un million, comme il l'a été, donne pour total des frais 54,000 fr. par lieue. Ce résultat est à peu près conforme à celui obtenu pour 1837, qui est, comme nous l'avons vu, 55,463 fr. 33 c. pour un nombre de voyageurs un peu plus considérable. On se rappelle que les frais d'entretien proprement dit sont estimés par les ingénieurs belges à 12,000 fr. par lieue; il resterait donc pour les autres dépenses, en supposant une fréquentation aussi considérable que l'a été au début celle de la Belgique, il resterait 42,000 fr. pour chaque lieue. Cette somme, ajoutée aux 48,000 fr. obtenus à la fin du paragraphe précédent, porterait à 90,000 fr. par an et par lieue l'ensemble des frais à mettre en compte pour l'exploitation de l'une des grandes lignes auxquelles les actionnaires apportent leurs capitaux.

Si l'on jugeait que la différence du prix de la houille, en faveur de la Belgique, ne fût pas compensée par l'étendue de nos lignes, nous prierions nos lecteurs de se reporter à l'observation placée au commencement de ce chapitre : une considération plus attentive de l'ensemble des avantages présentés par des chemins de long parcours les ramènerait à notre opinion.

Tels sont les résultats auxquels nous ont

amené les faits, les chiffres authentiques et le raisonnement. Les actionnaires doivent être assurés que notre but unique est de rechercher et de présenter la vérité dans leur intérêt; car, si nous avions voulu les effrayer, ou au contraire leur donner une confiance aveugle, les autorités imposantes ne nous auraient manqué ni pour l'une ni pour l'autre de ces intentions.

Il nous eût suffi, pour produire la frayeur et l'éloignement, de citer le passage suivant du discours d'un homme instruit et consciencieux :

« Pour que le chemin de Paris au Havre paie intérêt à 4 pour 100, et amortissement sans aucun bénéfice, il faut un produit brut par lieue et par an de 191,500 fr.; ce qui suppose 2,385 voyageurs par jour et par lieue. » Un tel nombre est à peu près inespérable.

Si nous eussions voulu produire l'effet contraire, quelle confiance n'eût pas inspirée l'honorable M. Vallée rendant compte des faits accomplis en Belgique, au début!

« Le Gouvernement belge a obtenu 16 pour 100 du capital en produit net; il rentrera donc dans ses avances en moins de huit ans; et la Belgique, au bout de ces huit ans, pourra jouir d'une circulation débarrassée de toute fiscalité. »

« Si l'on faisait le calcul de l'accroissement des recettes du trésor belge, en impôts mobiliers, des portes et fenêtres et des patentes, en droits d'enregistrement, d'hypothèques et de papier timbré, en droits indirects, etc., on trouverait peut-être que l'amortissement n'est que de deux ou trois ans.

« Cependant on voyage de Bruxelles à Anvers en payant seulement 1 fr. 20 c. pour quarante-quatre kilomètres parcourus, c'est-à-dire à raison de 0 fr. 027 c. par kilomètre ou 11 c. par lieue. »

Nous avons voulu, par le rapprochement qui précède, mettre les actionnaires à même de sentir toutes les difficultés de la question. De deux autorités respectables, l'une prouve par des chiffres qu'avec un tarif en moyenne de 22 c. par lieue, il faudrait *un nombre de voyageurs qu'on ne peut pas espérer,* pour que les frais fussent couverts et les intérêts des capitaux servis à 4 pour 100, avec amortissement. L'autre, par des faits accomplis, mais passagers, fait voir qu'avec un tarif de 11 c. *minimum* par lieue, les intérêts du capital engagé ont été servis, tous frais faits, à 16 pour 100 de ce capital, sans tenir compte encore d'autres prévisions que l'amour du bien a suggérées à M. Vallée.

Pour résumer ce chapitre et celui qui précède, nous dirons que les actionnaires doivent compter, *pour frais de premier établissement*, sur une dépense de 1,000,000 fr. à 1,500,000 fr. par lieue ; et, *pour frais d'entretien, de traction, d'administration, de renouvellement de la voie et du matériel*, sur une somme de 90,000 fr. par lieue et par an.

CHAPITRE VI.

Tarifs pour les voyageurs et les marchandises.

La question des tarifs est la question vitale des chemins de fer. En effet, qu'une lieue de chemin de fer revienne à 1,000,000 fr., à 1,500,000 fr., ou 2,000,000 fr.; que les frais d'entretien soient de 60, de 80 ou 100,000 fr.; que la concession soit à temps ou à perpétuité, tout cela est secondaire : si les produits des tarifs sont tels qu'ils couvrent les frais du chemin en activité, qu'ils fournissent une réserve pour l'amortissement, calculé sur le temps de la concession, et qu'ils servent les intérêts des capitaux engagés dans la limite de 7 à 30 pour 100, l'entreprise est bonne. Qu'importe, par exemple, aux actionnaires du chemin de Liverpool à Manchester que chaque lieue ait coûté 2,600,000 fr., que les frais d'entretien soient considérables? Les produits des tarifs sont tels, pour ce chemin, qu'ils pourvoient à tout, qu'ils leur servent le plus haut intérêt possible, et qu'ils permettent l'amélioration incessante de la voie, qui est leur propriété. Le seul regret qu'ils puissent éprouver dans une telle position, est de ne pas avoir une plus grande masse de capitaux placés à ces conditions avantageuses. La question des tarifs est donc, comme nous l'avons dit, vitale ; elle est la clé de toutes les autres pour les actionnaires. Le coût absolu d'une lieue de chemin de fer n'est donc pas la chose importante, mais bien son prix de revient comparé à son produit.

La notion qu'il nous est nécessaire d'acquérir d'abord est celle de l'étendue des besoins auxquels le produit doit satisfaire. « Le tarif, dit M. Defontaine, doit être conçu de manière que le produit brut puisse couvrir tous les frais de traction, ceux d'entretien et d'administration, procurer un fonds annuel d'amortissement et un fonds de réserve pour subvenir aux accidens imprévus, enfin servir, à un taux raisonnable, les intérêts des capitaux engagés dans l'entreprise. » Cette énumération nous paraît complète. Tâchons de préciser, par des chiffres, la valeur de chaque service énoncé.

La lieue de chemin de fer revient à 1,200,000 fr. 00 c.

1°. *Couvrir tous les frais de traction, d'entretien, d'administration :*

Cette première obligation, d'après le chapitre précédent, emporte une somme de quatre-vingt-dix mille francs par lieue et par an (renouvellement de voie et de matériel compris), ci .	90,000 fr. 00 c.
2°. *Procurer un fonds annuel d'amortissement*: La nécessité de ce fonds est une conséquence de la nature de la concession, qui est temporaire et variable de 70 à 80, 90, 99 ans; elle est de 80 ans pour le chemin de Paris au Havre; nous la supposerons telle ici, et nous la combinerons avec la suivante :	
3°. *Servir à un taux raisonnable les intérêts des capitaux engagés*: Le taux le plus faible qu'on puisse admettre est chaque année de 4 pour 100; en le supposant tel, la somme pour ces deux objets par	
A reporter. . .	90,000 fr. 00 c.

Report.	90,000 fr.	00 c.
lieue est	55,762	00
4°. *Procurer un fonds de réserve pour subvenir aux accidens imprévus :* Comme nous avons calculé largement les frais de renouvellement de la voie et du matériel, le chiffre posé pour cette dépense offre un excédant qui pourvoit en partie aux accidens imprévus : une somme de dix mille francs par lieue suffira	10,000	00
TOTAL GÉNÉRAL p. une lieue	155,762 fr.	00 c.

Il résulte, de ce détail, que le prix de revient de la lieue étant 1,200,000 fr. sur nos grandes lignes, chacune de ces lieues devra produire 155,762 fr. pour que les frais de toute sorte soient couverts, qu'une réserve soit opérée, que l'amortissement ait lieu en 80 ans, enfin que l'intérêt du capital soit servi à un taux de 4 pour 100.

Mais nous avons quelques réflexions à présenter sur le taux de 4 pour 100. L'État assure aux rentiers 4 et demi pour 100 de leurs capitaux ; les placemens hypothécaires sont faciles à 5 p. 100 et offrent une grande sûreté, puisqu'ils ne peuvent pas plus périr que la chose immobilière qui les garantit. Nous disons donc qu'une entreprise industrielle qui ne rapporte que 4, 4 et demi, 5 pour 100 est mauvaise ; et qu'elle ne mérite pas la confiance des actionnaires ; car elle a des chances de perte que ne présentent presque jamais les placemens sur l'État et sur hypothèques. A 6 pour 100 dans le commerce les capitaux trouvent encore la garantie d'un grand crédit et d'une haute moralité. Nous disons donc que si les actionnaires viennent apporter leur argent aux concessionnaires des chemins de fer, il faut qu'ils aient les chances d'un intérêt de 7 à 30 pour 100 des capitaux confiés à la Compagnie. — Si donc une de nos grandes lignes ne rapportait par lieue et par an que 155,762 fr., les hommes qui veulent entrer sérieusement dans les entreprises industrielles devraient s'en abstenir. Une somme de 30,000 francs environ doit être ajoutée à 155,762 fr. pour que le service des intérêts se fasse un peu au-dessus de 7 pour 100.

Quelles seront donc les bases des tarifs capables de fournir au moins 185,762 fr. par lieue et par an ?

M. Defontaine, dans son excellent travail, nous trace l'intention qui doit les dicter : « Pour

« qu'il y ait évidemment utilité publique, dans « l'établissement d'un chemin de fer, il faut « que le résultat de l'application du tarif, soit « au transport des marchandises, soit à celui « des voyageurs, présente des avantages no« tables sur les prix de la voie de terre. »

M. le ministre des travaux publics nous en a d'ailleurs donné les bases à la séance de la Chambre des Députés du 15 février 1838. Il résulte des documens qu'il a fournis que le prix actuel des diligences pour les voyageurs est, en moyenne, de 50 c. par lieue; que le prix, pour le transport des marchandises est, en moyenne par lieue, de 80 c. par le roulage ordinaire, et de 1 fr. 50 c. par le roulage accéléré.

D'après ces *documens authentiques*, les chemins de fer pouvant établir un prix moyen de 40 c. pour le transport des voyageurs et de 75 c. pour celui des marchandises, l'avantage sera considérable, puisqu'il diminuera d'un cinquième le prix des places pour les voyageurs, et de près des deux cinquièmes le prix de transport des marchandises. Et encore ne tenons-nous aucun compte ici de l'économie de temps, et de celle des frais de route, si considérables pour les voyageurs.

Comme d'ailleurs l'utilité publique est, dans cette circonstance, d'accord avec les intérêts des Compagnies, les tarifs reçoivent de la concurrence elle-même la délimitation la plus solide et la plus naturelle. — M. Bartholony réunit dans le passage suivant des raisons solides à l'appui de cette opinion :

« Peut-être serait-il sage de suivre l'exemple de l'Amérique, qui abandonne la fixation des tarifs aux seuls juges compétens dans cette matière : au public, qui ne se servira des chemins qu'autant qu'il y trouvera sa convenance, et aux Compagnies, qui ont intérêt à ce que le public s'en serve. Le Gouvernement des États-Unis n'a donc imposé aucune limite aux tarifs des chemins de fer : les Compagnies y sont libres d'augmenter ou de diminuer leurs prix, selon que l'exigent leurs intérêts, identifiés, sous ce rapport, avec ceux du public.

« En France, on paraît craindre de laisser aux Compagnies trop de liberté pour l'établissement de leurs tarifs. On s'imagine que l'avidité du gain les leur ferait élever au point de mettre les chemins de fer au-dessus de la portée du plus grand nombre ; mais l'on oublie que ces chemins ne seront pas la seule voie de communication dont le public pourra disposer. N'a-t-il pas encore les routes royales et les canaux ? Les diligences, le roulage accéléré, le roulage ordinaire et les bateaux ne sont-ils pas autant de concurrens actifs, qui mettraient un frein à l'avidité mal entendue des concessionnaires? Et d'ailleurs le Gouvernement ne conserve-t-il pas le droit d'autoriser constamment de nouveaux chemins en concurrence avec ceux qui feraient des profits immodérés? L'intérêt évident des Compagnies sera donc de mettre leurs nouvelles voies de communication à la portée de tout le monde : elles ne peuvent réussir qu'à cette condition.

« Enfin si, en Amérique, où il y a peu d'autres routes, on ne craint pas de commettre aux entrepreneurs la fixation des tarifs, peut-on, en France, où aucun genre de concurrence ne manquera, vouloir sérieusement imposer des limites aux Compagnies?

« En définitive, nous voyons moins d'inconvéniens à confier aux concessionnaires de chemins de fer le soin de régler eux-mêmes leurs prix de transport, qu'il n'y en a eu jusqu'à présent à laisser cette faculté aux entreprises de messageries, de roulage, de bateaux, etc.; tandis qu'on s'expose à entraver, dès l'origine, les opérations des Compagnies, en leur imposant des limites, surtout avant que l'expérience ait encore fourni aucune indication qui puisse servir de guide.

« Néanmoins, si l'on persistait à vouloir fixer à l'avance les prix des tarifs, il faudrait que, comme en Angleterre, le maximum de ces prix fût assez élevé pour donner à la Compagnie une latitude équivalant presque à la liberté laissée en Amérique. »

Ces considérations, qui nous paraissent puissantes et de nature à entraîner l'assentiment de tous les amis du pays, ne peuvent que recevoir une nouvelle force des faits suivans, extraits de la brochure intéressante de M. du Portail.

On y trouve le prix de transport pour les voyageurs et les marchandises dans les différens pays dont il nous importe de connaître les résultats :

« Pour les voyageurs, ces prix sont, par personne et par lieue, de 5,000 mètres, fixés à peu près comme suit sur les chemins de fer :

Aux États-Unis d'Amérique, moyennement. 50 c.

En Angleterre (de Liverpool à Manchester), moyennement.............................. 60

En France (Paris à Saint-Germain),

1res places, 1 fr. 50 c.; par lieue,	0,41	moy..	34
2mes places, 1 » *id.*	0,27		

En Belgique, prix moyen demandé par des concessionnaires pour les grandes lignes de chemin de fer............................ 36

Sur le chemin de fer d'Anvers à Bruxelles, exécuté par l'État :

1res places, berlines.......	40 c.	moy....	27 c. ½
2mes *id.*, diligences.....	34		
3mes *id.*, chars-à-bancs..	22 ½		
4mes *id.*, wagons.......	13 ½		

(Ce dernier prix, beaucoup trop bas pour indemniniser des dépenses, devra être augmenté, à moins de charge pour l'État).

Le transport par diligences sur les routes ordinaires peut être compté en moyenne, par personne et par lieue de 5,000 mètres, à.................... 50 c.

« La moyenne entre tous ces prix est d'environ 43 c. qui semble être un minimum de prix pour l'Angleterre et les États-Unis, et être en même temps un maximum pour la France.

« Le transport des marchandises par tonne de 1,000 kilogrammes, et par lieue de 5,000 mètres, s'exécute aux prix suivans :

Aux États-Unis, sur les chemins de fer, de 75 c. à 1 fr. 30 c.; soit en moyenne .... 102 c. ½

En Angleterre, chemin de fer de Darlington
à Stockton............. 80 }
Manchester à Liverpool.. 90 } moyenne.... 85 c.

En France, chemin de fer d'Andresieux à
Roanne............................ 80 }
de Lyon à St-Étienne, 1er pr., 49 }
2me pr., 55 } moy.. 57 } 68 c. ½
3me pr., 65 }

En Belgique, 1°. par l'État, prix proposé au projet primitif du chemin de fer........ 20 c.

(Tarif évidemment trop bas et qui donne lieu à la même observation que celui fixé pour les voyageurs.)

2°. Prix demandé au projet d'une compagnie de concessionnaires, pour le chemin de la mer au Rhin......................... c.

Exemple de transport par eau, en France, canal du Centre, fret (péage compris)...... 55 c.

Transport sur routes ordinaires par roulage .... 100 c.

Articles de diligences, 2 fr. 50 c. à 3 fr. : soit. 275 c.

« La moyenne entre tous ces transports est de 1 fr. environ, par tonne et par lieue, droit de péage compris ; cette moyenne est le maximum des prix de transport par chemin de fer, et le minimum des prix de transport sur les routes ordinaires. »

Entre ces différens tarifs, dont les résultats offrent, pour l'Angleterre (Liverpool à Manchester), un bénéfice tel que les actionnaires des chemins de fer en France ont droit de le désirer, et pour la Belgique une perte évidente, nous n'avons pas le choix ; la nécessité des faits nous conduit aux tarifs que nous avons obtenus, en nous conformant à l'esprit des prescriptions de M. Defontaine et à la base fournie par M. le ministre des travaux publics.

Voyons donc si avec un tarif moyen de 40 c. par lieue pour les voyageurs, de 75 c. pour les marchandises, les actionnaires de nos grandes lignes peuvent espérer des bénéfices raisonnables.

Les lignes de Paris à Orléans, et de Paris au Havre, ont été seules concédées ; elles ont toute chance de prospérité, au moins sous le rapport des voyageurs, qui en sont le principal élément. Prenons donc l'une d'elles pour base de nos calculs, soit la ligne de Paris au Havre, pour laquelle nous supposerons le prix de revient de la lieue 1,200,000 fr., et les frais, y compris le service de l'amortissement et de l'intérêt à 7 pour cent environ, s'élevant à 185,762 fr.

Le problème se présente ainsi : *Le chemin de Paris au Havre sera-t-il suffisamment fréquenté pour que le produit de tarifs à 40 c. par voyageur, à 75 c. par tonne de marchandises, donne par lieue et par an au moins* 185,762 fr. ?

Le nombre des voyageurs et la quantité des marchandises qui fréquenteront le chemin de fer sont donc des valeurs qu'il nous importe, au plus haut degré, de connaître approximativement. Mais comment arriver à cette approximation? Le voici : sur les chemins établis en pays étrangers, en Belgique, par exemple, la circulation entre tel point et tel autre point était, avant l'établissement du chemin de fer, tel nombre ; depuis l'établissement et la pratique de ce chemin, elle est devenue tel autre nombre : elle a donc été *doublée*, *triplée*, *quadruplée*, *décuplée*, etc. La circulation sur le chemin de Paris au Havre est actuellement tel nombre ; nous sommes donc autorisé, par l'analogie et l'importance des communications, à penser que la circulation sur ce chemin de fer sera tel autre nombre, *double, triple*, etc.

Des calculs de cette nature, mais très modérés, ont amené M. Defontaine aux résultats suivans :

1°. Le mouvement journalier des marchandises entre Paris et le Havre sera de 252 tonnes.

2°. *Les transports intermédiaires* fourniront 216 tonnes.

3°. Le mouvement journalier entre Paris et la rivière d'Oise sera de 504 tonnes.

4°. Le mouvement des voyageurs entre Paris et Pontoise sera par jour de 1,800.

5°. Celui entre Paris et le Havre sera par jour de 600.

6°. Enfin les points intermédiaires donneront 600 voyageurs chaque jour.

Ces évaluations ramenées à l'unité de parcours donneront pour mouvement uniforme, de Paris au Havre, 416 tonnes de marchandises par jour, ou 151,840 tonnes par an, et 1,100 voyageurs par jour, ou 401,500 voyageurs par an.

Le produit des marchandises sera donc, à 75c. par tonne, de 113,880 fr. par lieue et par an, et celui des voyageurs, à 40 c., de 160,600 fr. par lieue et par an ; chaque lieue de chemin aura donc pour pourvoir à ses besoins 274,480 fr. par an. Ce résultat, auquel nous sommes arrivé par des chiffres de mouvement plutôt au-dessous qu'au-dessus de la réalité, démontre ce que nous avons énoncé plus haut, que l'industrie des chemins de fer offre aux actionnaires des principales lignes des chances à peu près certaines de bénéfices considérables, *en supposant qu'elle se meuve dans la seule limite qu'elle doive admettre comme définitive, et qui est la concurrence des autres moyens de transport.*

Des résultats pratiques nous démontreront d'ailleurs la modération des chiffres que nous avons admis : le chemin d'abord ouvert de Malines à Bruxelles a eu, par lieue et par jour, 1,555 voyageurs : ouvert ensuite de Malines à Bruxelles et Anvers, il a donné par jour 3,039 voyageurs. Il nous eût été facile, si nous avions quelque intention d'abuser les actionnaires, d'accepter ces chiffres, dus à la nouveauté, à la curiosité, au peu de distance entre les points d'arrêt, comme des résultats acquis aux chemins de fer en général. Mais loin de nous la pensée de mettre au cœur des actionnaires d'aussi folles espérances ; loin de nous la faiblesse de céder à de tels entraînemens pour notre propre compte. C'est par-dessus tout dans des questions d'argent, où les fortunes particulières et la fortune publique sont intéressées, qu'il est nécessaire de rechercher avec calme et sang-froid la réalité dans le présent et dans l'avenir.

M. le ministre des travaux publics, malgré sa sollicitude pour l'industrie nouvelle, malgré sa sagesse, dont nous avons signalé les effets dans le cours de ce travail, nous semble en cette circonstance avoir suivi la foule, qu'un enthousiasme aveugle entraîne vers les chemins de fer; il nous semble avoir pris comme définitivement acquis les résultats de l'expérience d'un jour. Ce reproche ne sera pas, on le prévoit bien, une simple assertion de notre part: pour qu'il soit permis d'accuser un homme grave, de légèreté et d'entraînement dans des affaires de cette importance, il est nécessaire que des faits justifient le reproche. Ici les faits sont les clauses elles-mêmes du cahier des charges, relatives au tarif.

1°. Pour indemniser la Compagnie des travaux et dépenses qu'elle s'engage à faire, par le présent cahier des charges, et sous la condition expresse qu'elle en remplira exactement toutes les obligations, le Gouvernement lui concède, pour le laps de quatre-vingts ans, à dater de la loi qui ratifiera, s'il y a lieu, la concession, l'autorisation de percevoir les droits de péage et les prix de transport ci-après déterminés.

Il est expressément entendu que les prix de transport ne seront dus à la Compagnie qu'autant qu'elle effectuerait elle-même ce transport à ses frais et par ses propres moyens.

La perception aura lieu par kilomètre, sans égard aux fractions de distance; ainsi, un kilomètre entamé sera payé comme s'il avait été parcouru. Néanmoins, pour toute distance parcourue, moindre de six kilomètres, le droit sera perçu comme pour six kilomètres entiers. Le poids du tonneau ou de la tonne est de mille kilogrammes; les fractions de poids ne seront comptées que par dixième de tonne; ainsi, tout poids compris entre cent et deux cents kilogrammes, paiera comme deux cents kilogrammes, etc.

A moins de cas de force majeure, la vitesse sera de huit lieues à l'heure, au moins, pour les trains de voyageurs payant le maximum du prix fixé par le tarif.

Dans chaque convoi, la Compagnie aura la faculté de placer des voitures spéciales, pour lesquelles elle pourra régler le prix des places de gré à gré avec les voyageurs; mais il est expressément stipulé que le nombre de places à donner dans ces voitures n'excédera pas le dixième du nombre total des places du convoi.

TARIF.		PRIX DE péage.	PRIX DE transport.	TOTAL.
Voyageurs, non compris l'impôt dû au Trésor sur le prix des places......	Par tête et par kilomètre...			
	Voitures couvertes et fermées, à glaces, suspendues sur ressorts (1re classe).........	0,05	0,025	0,075
	Voitures découvertes, mais suspendues sur ressorts (2e classe)...............	0,03	0,02	0,05
Bestiaux......	Bœufs, vaches, taureaux, cheval, mulet, bête de trait.	0,055	0,045	0,10
	Veaux et porcs.......... / Moutons, brebis et chèvres.	0,015	0,015	0,03
Poissons par quintal métrique et par kilomètre.		0,03	0,02	0,05
Houille par tonne et par kilomètre..........		0,05	0,04	0,09
Marchandises par tonne et par kilomètre....	1re classe. — Pierre à chaux et à plâtre, moellons, meulières, cailloux, sable, argile, tuiles, briques, ardoises, fumier et engrais, pavés et matériaux de toute espèce pour la construction et la réparation des routes.................	0,07	0,05	0,12
	2e classe. — Blés, grains, farines, chaux et plâtre, minerais, coke, charbon de bois, bois à brûler (dit de corde), perches, chevrons, planches, madriers, bois de charpente, marbre en bloc, pierre de taille, bitume, fonte brute, en barres ou en feuilles, plomb en saumons.	0,08	0,06	0,14

TARIF.		PRIX DE péage.	PRIX DE transport.	TOTAL.
Suite des marchandises par tonne et par kilomètre.....	3e classe. — Fontes moulées, fer et plomb ouvré, cuivre et autres métaux ouvrés ou non, vinaigres, vins, boissons, spiritueux, huiles, cotons et autres lainages, bois de menuiserie, de teinture et autres bois exotiques, sucre, cafés, drogues, épiceries, denrées coloniales, objets manufacturés......	0,95	0,065	0,016
	Voiture sur plate-forme (poids de la voiture et de la plate-forme cumulés)........	0,10	0,06	0,16
	Wagon, chariot ou autre voiture destinée au transport sur le chemin de fer, y passant à vide, et machine locomotive ne traînant pas de convoi..............	0,07	0,05	0,12
	Tout wagon, chariot ou voiture dont le chargement en voyageurs ou en marchandises, ne comportera pas un péage au moins égal à celui qui serait perçu sur ces mêmes voitures à vide, sera considéré et taxé comme étant à vide.			
	Les machines locomotives seront considérées et taxées comme ne remorquant pas de convoi, lorsque le convoi remorqué, soit en voyageurs, soit en marchandises, ne			

TARIF.		PRIX DE péage.	PRIX DE transport.	TOTAL.
	comportera pas un péage au moins égal à celui qui serait perçu sur une machine locomotive avec son allége marchant sans rien traîner.			
	Lorsque le chemin de fer sera mis en communication avec un autre chemin de fer allant à l'une des frontières du royaume, les marchandises qui parcourront en transit la ligne entière ne seront assujéties, quelle que soit leur nature, qu'au tarif ci-dessus fixé pour la houille.			

2°. Dans le cas où la Compagnie jugerait convenable d'abaisser au-dessous des limites déterminées par le tarif, les taxes qu'elle est autorisée à percevoir, les taxes abaissées ne pourront être relevées qu'après un délai de six mois au moins.

La perception des taxes devra se faire par la Compagnie indistinctement et sans aucune faveur.

3°. Chaque voyageur pourra porter avec lui un bagage dont le poids n'excédera pas quinze kilogrammes, sans être tenu, pour le port de ce bagage, à aucun supplément pour le prix de sa place.

4°. Les denrées, marchandises, effets, animaux et autres objets non désignés dans le tarif précédent, seront rangés, pour les droits à percevoir, dans les classes avec lesquelles ils auront le plus d'analogie.

5°. Les droits de péage et les prix de transport déterminés au tarif précédent, ne sont point applicables :

1°. A toute voiture pesant, avec son chargement, plus de quatre mille cinq cents kilogrammes ;

2°. A toute masse indivisible pesant plus de trois mille kilogrammes.

Néanmoins, la Compagnie ne pourra se refuser ni à transporter les masses indivisibles pesant de trois mille à cinq mille kilogrammes, ni à laisser circuler toute voiture qui, avec son chargement, pèserait de quatre mille cinq cents à huit mille kilogrammes ; mais les droits de péage et les frais de transport seront augmentés de moitié.

La Compagnie ne pourra être contrainte à transporter les masses indivisibles pesant plus de cinq mille kilogrammes, ni à laisser circuler les voitures qui, chargement compris, pèseraient plus de huit mille kilogrammes.

6°. Les prix de transport déterminés au

tarif précédent ne sont point applicables :

1°. Aux denrées et objets qui, sous le volume d'un mètre cube, ne pèsent pas deux cents kilogrammes ;

2°. A l'or et à l'argent, soit en lingots, soit monnoyés ou travaillés ; au plaqué d'or ou d'argent, au mercure et au platine, ainsi qu'aux bijoux, pierres précieuses et autres valeurs ;

3°. Et, en général, à tout paquet ou colis pesant isolément moins de cent kilogrammes, à moins que ces paquets ou colis ne fassent partie d'envois pesant ensemble au-delà de deux cents kilogrammes d'objets expédiés à ou par une même personne, et d'une même nature, quoique emballés à part, tels que sucre, café, etc.

Dans les trois cas ci-dessus spécifiés, les prix de transport seront librement débattus avec la Compagnie.

Néanmoins, au-dessus de cent kilogrammes, et quelle que soit la distance parcourue, le prix de transport d'un colis ne pourra être taxé à moins de quarante centimes (0, 40 c.).

7°. A l'expiration de chaque période de quinze années, à dater de l'achèvement des travaux, le tarif sera revisé, et si le dividende moyen des quinze dernières années a excédé 10 pour 100 du capital primitif de l'action, le tarif sera réduit dans la proportion de l'excédant.

8°. Enfin engagement a été pris par le Gouvernement de procéder à la révision des tarifs, dans le cas où le dividende ne s'élèverait pas à 4 pour 100 du capital primitif de l'action.

Quelle que soit l'extension donnée par les derniers articles aux tarifs ci-dessus, et quoique ces tarifs ne soient réellement que *provisoires*, eu égard à l'engagement contracté par le Gouvernement de procéder à la révision dans le cas où le dividende n'atteindrait pas 4 pour 100, il n'en résulte pas moins que cette industrie, dans laquelle, comme l'a reconnu M. le ministre, il y a beaucoup d'inconnu et d'imprévu, est resserrée considérablement dans ses chances naturelles de prospérité, par la restriction *provisoire* d'une moyenne de 25 centimes par lieue pour le transport des voyageurs, et de 50 centimes pour les marchandises.

Suivons les chances laissées aux chemins de fer par de tels tarifs, et appliquons-les aux transports dont nous avons déterminé la quantité possible sur la route de Paris au Havre.

On se rappelle que le prix de revient de la lieue est 1,200,000 fr. ; que le produit de cette étendue de chemin doit être de 185,762 fr. par an et par lieue, pour que l'entreprise donne 7 pour 100 environ du capital engagé.

Les 151,840 tonnes par an à 50 c. par lieue, et les 401,500 voyageurs par an à 25 c. par lieue, donneront en somme 176,295 fr. par lieue et par an. Telle est la position faite aux actionnaires par le tarif annexé au cahier des charges pour le chemin de Paris au Havre, tarif semblable à celui des autres concessions. Cette position *provisoire* n'a rien assurément qui doive alarmer; mais elle est médiocre, elle ne permet de faire aucune part à l'imprévu, à l'inconnu; et cela, sur une des routes de France qui renferme en elle les plus grandes chances de prospérité.

Mais pourquoi cette limite factice à une industrie dont la concurrence des autres moyens de transport devrait seule fixer naturellement le tarif? Est-ce pour prévenir l'abaissement des tarifs au-dessous d'une certaine limite nécessaire à sa prospérité? Dans ce cas, il suffisait de donner un tarif *minimum*, supérieur toutefois au tarif *maximum* précédent. — Est-ce pour préserver de l'avidité des propriétaires du chemin les personnes qui en useront? Mais la concurrence des routes les en préserve suffisamment; et d'ailleurs un tarif de 48 c. pour les voyageurs, et 80 c. pour les marchandises aurait encore rempli cet objet. — Est-ce comme épreuve, comme expérience que vous posez ce tarif? Mais il n'est pas permis de traiter aussi légèrement des intérêts si graves. — Vous auriez pu consulter les expériences faites ailleurs : les tarifs de l'Amérique ne sont-ils pas libres, et ceux de l'Angleterre n'ont-ils pas des limites équivalentes à la liberté? Où donc avez-vous pris vos points de comparaison pour arrêter et condamner à la médiocrité la plus grande de nos industries? Est-ce en Belgique? Mais la Belgique, avec des chemins dont le prix de revient n'est que de 500,000 fr., dont les les frais d'entretien ne s'élèvent pas au-dessus de 55,000 fr. par lieue ; la Belgique, qui n'a pas à pourvoir à l'amortissement du capital engagé, ne retire pas 5 pour 100 de sa mise, malgré une fréquentation toute exceptionnelle. Qu'arriverait-il pourtant si une Compagnie s'était chargée d'établir les chemins de la Belgique et de les exploiter aux mêmes conditions que l'État? Cette Compagnie marcherait à grands pas vers sa perte. L'exemple de la Belgique était de nature, si je ne me trompe, à signaler un écueil; il était là, non pour être imité, mais pour être évité. — Le ministre veut-il par-dessus tout que les prix soient réduits à tel point que toutes les classes puissent en user? Nous le voulons aussi ; mais est-ce bien le moyen d'assurer la circulation à bon marché, que d'imposer aux Compagnies des conditions telles qu'elles soient à coup sûr condamnées à la médiocrité, et à la ruine en cas d'accident imprévu, en cas de quelque modification d'ensemble qui exige de grandes ressources? Nous ne pouvons supposer que les premiers résultats obtenus sur le chemin de fer de Paris à Saint-Germain aient eu de l'influence sur la détermination du Gouvernement; car sa position est tellement exceptionnelle, ses revenus si variables selon la pluie ou le beau temps, que ce point de comparaison serait encore moins sûr et moins excusable qu'aucun autre: autant vaudrait, pour s'assurer de la circulation moyenne dans les rues de Paris, prendre ses points de comparaison sur celle du jardin des Tuileries.

Si les limites imposées par les tarifs actuels étaient définitives, nous adopterions en tout l'opinion de l'honorable M. Billaut, et nous dirions avec lui: « Les conditions que vous imposez aux Compagnies, les tarifs auxquels vous les soumettez ne sont pas acceptables pour des Compagnies sérieuses et qui songent à une possibilité raisonnée d'exploitation. »

Mais quelle doit être la conduite des capitalistes, grands et petits, dans de telles circonstances?

L'industrie des chemins de fer est en elle-même une de celles qui promettent le plus grand succès : une partie des conditions imposées par le Gouvernement est pour elle une entrave *provisoire* qui la réduit, pour un temps, à la médiocrité, même sur les lignes qui ont les chances de prospérité les plus multipliées ; voilà la réalité.

En conclura-t-on que les capitaux doivent s'éloigner d'une telle entreprise? Nous ne le pensons pas ; car enfin, le pire de tout cela est, pour un an ou deux, une garantie d'un *minimum* d'intérêt d'un peu moins de 4 pour 100. Nous sommes donc d'avis que les actionnaires peuvent porter leur argent avec confiance dans cette direction, mais aussi avec la ferme résolution de ne pas accepter comme définitif un tel état de choses. De hautes positions financières et politiques les protègent et veillent sur l'avenir de leurs affaires ; ils doivent, par elles, remontrer au Gouvernement l'injustice, et même l'impossibilité de telles charges pour eux et leurs successeurs. Sans attendre que leur propre expérience soit venue leur démontrer des dangers bien réels, ils ont à réunir la masse des résultats qui s'obtiennent chaque jour autour d'eux, en Belgique, en Angleterre, pour obtenir la franchise des tarifs, ou du moins des limites équivalentes à la franchise, avant même que leurs chemins soient en exploitation ; car l'expérience à laquelle on veut les soumettre est faite depuis long-temps. De plus, comme l'ouverture d'une voie de l'importance de celles entre Paris et le Havre, entre Paris et Orléans, offre toujours au début une augmentation considérable de fréquentation, qui peut en imposer sur les résultats à venir, il leur importe de ne pas attendre une prospérité factice et momentanée, qui justifierait en apparence les restrictions du Gouvernement. Si enfin la justice, appuyée des meilleures raisons, des faits les plus concluans, ne faisait pas impression sur le Gouvernement, les actionnaires devraient espérer dans l'habileté du gérant et des administrateurs. Le devoir de ceux-ci envers leurs actionnaires, envers les actionnaires des chemins de fer concédés ultérieurement, serait clairement tracé : ils devraient faire une répartition des revenus du premier sémestre, telle qu'elle ne permît pas aux actionnaires de toucher un dividende de 4 pour 100. Il en résulterait la révision des tarifs, promise dans ce cas par le Gouvernement. Les améliorations à introduire dans une *voie nouvelle* donnent toujours cette latitude aux hommes qui veillent à sa conservation.

Mais qu'il nous vienne à l'esprit de conseiller aux intéressés une résignation injuste et qui compromettrait leur avenir.... jamais !

Le fer, la houille, le bois, presque tous les

matériaux de construction et d'exploitation sont plus chers en France qu'en Angleterre, en Belgique et en Amérique; les conditions de pente, de tracé, de parcours à travers les routes et les rivières, sont plus onéreuses; les concessions ne sont faites que pour un temps limité, les clauses de toute espèce des cahiers des charges restreignent la liberté des concessionnaires: si la plus déplorable de toutes les aggravations, la fixation de tarifs déraisonnablement abaissés, devait être définitive, il faudrait désespérer de la prospérité de l'industrie nationale, puisque le Gouvernement, dont l'unique mission est de l'accroître en la protégeant, serait son plus mortel ennemi.

CHAPITRE VII.

Études d'ensemble sur les tracés de Paris au Havre, de Paris à Orléans, de Bordeaux à la Teste.

Les chemins de Paris au Havre, de Paris à Orléans, ont été l'objet de nombreuses études : trois projets de tracé ont été présentés, ou par le Gouvernement, ou par des Compagnies particulières, pour celui de Paris à Orléans ; trois autres, pour celui de Paris au Havre ; deux souscriptions provisoires ont été ouvertes en même temps pour chacune de ces lignes, et remplies simultanément avec rapidité. L'une des souscriptions pour le chemin de Paris au Havre s'est élevée à plus du double de la somme réputée nécessaire. Il est vrai que beaucoup de personnes, spéculant sur la confiance accordée par le public aux deux voies précédentes, ont pris des actions dans l'intention de les revendre avec bénéfice ; mais beaucoup d'autres aussi ont considéré avec raison l'acquisition des actions comme un bon placement, et veulent les garder : les uns et les autres, dans des intentions différentes, ont constaté par leur empressement la confiance universellement accordée à ces deux lignes. En effet, il en est peu en France et ailleurs qui présentent plus de chances de prospérité. Le Havre, Rouen, Louviers, Elbeuf et Dieppe, ces grands centres de manufactures et de commerce, liés par des intérêts de toutes les espèces et de tous les instans à la capitale du royaume, rapprochés tout à coup du centre, et placés par la rapidité des communications dans les conditions où se trouvent aujourd'hui Versailles, Montmorency et plusieurs autres localités des environs de Paris, promettent de riches produits au chemin de fer qui les desservira.

Des intérêts un peu différens, plus disséminés, assureront au chemin de Paris à Orléans une grande fréquentation. Pour le montrer, nous n'irons pas, à l'exemple de plusieurs rapporteurs ou des auteurs des tracés, promener les actionnaires dans les plaines de la Beauce, sur les bords de la Loire, et leur faire envisager l'énorme quantité de sacs de farine et de bariques de vin qui n'attendent, dit-on, que l'achèvement du chemin de fer, pour l'encombrer; nous nous abstiendrons de leur conseiller la concurrence avec les canaux et le roulage pour le transport des marchandises, jusqu'au moment où leurs justes réclamations auront obtenu la liberté des tarifs, ou du moins une délimitation équivalente à la liberté. Il nous suffira, pour leur inspirer de la confiance dans l'entreprise, de les arrêter vingt-quatre heures à Orléans, et de leur faire compter les voitures de toute espèce qui transportent les voyageurs de cette ville à Paris, celles beaucoup plus nombreuses qui la traversent, se rendant à la même destination de tous les points du Midi et de l'Ouest. Ces faits constatés, et l'espoir bien fondé d'une circulation quintuple au moins entre les deux points extrêmes, leur donneront foi dans l'avenir de leur placement.

Le chemin de fer de Paris à la mer, avec ses embranchemens, trouve sur les lieux auxquels il aboutit le plus grand nombre des consommateurs; celui de Paris à Orléans au contraire reçoit des points extrêmes du pays la moitié au moins des voyageurs qui le fréquentent.

Lorsque nous avons établi, par la discussion et par des exemples, qu'il était en général plus favorable aux actionnaires d'exécuter des chemins de fer d'une moindre vitesse (de quatre à six lieues à l'heure), avec des frais moindres de premier établissement, nous n'avons pas prétendu poser une règle inflexible et sans exception; en effet, s'il est incontestable que, partout où la circulation possible ne pourrait couvrir des frais considérables de premier établissement ; que, partout où les autres moyens de communication sont encore lents et imparfaits (c'est l'état actuel de la plupart des routes en France), les intérêts bien entendus des actionnaires exigent impérieusement le meilleur marché possible dans l'exécution ; il n'est pas moins démontré que, partout où la richesse des habitans et la nature des relations amènent de fréquens voyages, partout où les autres moyens de communication ont atteint une notable rapidité, comme sur les routes du Nord et sur celle de Paris à Orléans, il faut, pour les actionnaires comme pour le public, que les chemins de fer soient *à grande vitesse*, c'est-à-dire dans les conditions de tracé, de pentes, de courbes, etc., que nous avons fait connaître et qui permettent au moins 8 lieues à l'heure.

Les actionnaires des chemins de Paris au Havre et de Paris à Orléans vont exécuter avec leurs capitaux des chemins à grande vitesse, de 8 à 15 lieues à l'heure, qui coûtent par lieue, comme nous l'avons dit au chapitre IV, d'un million à un million et demi, sauf quelques rares exceptions en plus ou en moins. Le chemin de Paris à Orléans nous présentera un exemple d'exception en moins. Le parallèle que nous avons commencé entre cette ligne et celle de Paris au Havre nous fournira une occasion naturelle d'expliquer les causes de cette différence en moins ; l'étude des deux tracés par le même ingénieur, M. Defontaine, donnera d'ailleurs une valeur relative exacte aux estimations que nous aurons à présenter pour chaque nature de frais de premier établissement, et, lors même que ces estimations, faites depuis deux ans, seraient trop faibles, comme on le pense, elles ne perdraient rien de leur exactitude relative, puisqu'elles auraient à éprouver les mêmes augmentations à peu près de part et d'autre.

Le tracé du profil n°. 1, page 173, pour le chemin de Paris au Havre, qui nous a déjà servi dans les évaluations précédentes, est d'un développement de 223,607 m., ou 56 lieues ; il est donc le double environ de celui de Paris à Orléans, long de 114,700 m., ou 28 à 29 lieues. M. Defontaine a porté une estimation qui monte, pour les frais d'exécution du premier, à 62 millions environ, et pour ceux du second, à 20 millions seulement ; les frais de matériel sont compris dans l'une et l'autre estimation. Mais à quoi tient l'excédant de dépense, d'un tiers environ par lieue, que l'un des chemins nous offre sur l'autre ? La réponse à cette question, si intéressante pour les actionnaires, sera facile, si l'analyse que nous avons faite des élémens de la dépense pour une ligne donnée est exacte et complète ; elle doit découler de la comparaison des tracés, des dépenses faites pour l'acquisition de terrains et pour les indemnités, pour les terrassemens, pour les travaux d'art et les souterrains, pour l'établissement de la voie de fer, et enfin pour l'acquisition du matériel.

1°. *Tracés*. Celui de Paris à Orléans, plus court d'un lieue et demie que la route royale, offre une hauteur de 84m,87 à descendre entre *Orléans et Paris*, c'est-à-dire dans le sens du plus grand mouvement des transports ; la plus grande rampe à monter, dans cette direction, par les convois, ne dépasse pas un demi-millième par mètre, et dans le sens de Paris à Orléans, les rampes n'ont pas plus de trois millièmes d'inclinaison *maximum*. Il présente vingt-six courbes et vingt-huit alignemens droits de 1000 m. à 2,500 m. de rayon, et d'un développement total de 19,700 m., et par conséquent 95,040 m. d'alignemens droits. La circonstance des pentes beaucoup plus faibles dans le sens du plus grand mouvement est des plus favorables : elle a fait espérer à l'ingénieur chargé des études que le nombre des machines qui servirait à transporter les marchandises de Paris à Orléans suffirait probablement pour amener d'Orléans à Paris la quantité double des marchandises qui circulent entre ces deux villes. Mais, pour parler du transport des marchandises, il faudrait avoir obtenu la rectification des tarifs actuels ; car, nous le répétons, et nous voudrions le redire à chaque page, dans l'état présent des tarifs, ce transport doit être, selon toutes les probabilités, une charge pour les Compagnies.

Le tracé du chemin de Paris au Havre, dont les alignemens droits sont de 159,942 mètres 85 centimètres, ou environ les cinq septièmes du développement total, et dont les lignes courbes sont de 63,664 mètres 58 centimètres, les deux septièmes du tracé, présente quatre-vingt-dix courbes de rayons de 800 à 5,000 mètres ; trois seulement ont 800 mètres : sa pente *maximum* est de trois millièmes et demi, et il est horizontal sur la huitième partie de sa longueur. Les conditions du tracé de Paris à Orléans sont donc, d'après les détails qui précèdent, plus favorables à la grande vitesse que celles du chemin de Paris au Havre, en supposant les puissances locomotives égales. Passons aux dépenses nécessaires pour la réalisation de l'un et de l'autre.

2°. *Acquisitions des terrains et indemnités.* La surface des terrains à acquérir pour les deux tracés sera certainement plus considérable que M. Defontaine ne l'avait prévu, puisque les cahiers des charges imposent des dimensions qui dépassent ses prévisions ; mais ces dimensions étant les mêmes pour les deux concessions, il en résulte une augmentation simultanée qui ne change pas sensiblement les rapports des acquisitions. M. Defontaine avait estimé que, pour l'établissement du chemin de fer de Paris à Orléans et de ses dépendances, 180 hectares étaient nécessaires, et que, pour celui de Paris au Havre, 533 hectares répondraient aux mêmes besoins. L'ensemble des terres, sur la route de Paris à Orléans, est d'un prix bien moindre que sur l'autre : pour le tiers environ du tracé, il n'excède pas 2,000 fr. ; la somme des dépenses, pour ce paragraphe, y est estimée à 1,300,000 fr., et, sur le chemin de Paris au Havre, à 4,450,000 fr. : ce qui donne par hectare 7,222 fr., et par lieue 45,614 fr. pour le premier, et 8,340 fr. par hectare, 79,464 fr. par lieue, pour le second.

3°. *Terrassemens, remblais et déblais.* Le chemin de fer de Paris à Orléans n'a ni tranchées profondes, ni vastes souterrains ; ses ouvrages ne sortent point de la classe de ceux qu'on exécute journellement sur les routes ordinaires : aussi, le volume total des terrassemens à exécuter pour l'établissement du chemin de fer a-t-il été trouvé de 5,460,176 mètres cubes, à transporter à différentes distances au moyen de chemins de fer provisoires.

Sur le chemin de fer de Paris au Havre, au contraire, le volume des terrassemens à exécuter, eu égard aux grands remblais qui doivent être faits aux passages des vallées d'Andelle, du Cailly, de la Lézarde, et sur d'autres vallons secondaires, et aux déblais à effectuer pour les tranchées aux abords des souterrains, s'élève à 23,317,644 mètres cubes, transportés de la même manière.

Le prix des terrassemens, pour le premier chemin, est estimé 4,824,000 fr. en somme, ou 169,263 fr. la lieue; et pour le second, 18,050,000 f. en somme, ou 322,321 f. la lieue. Ces faits sont une explication des variations que nous avons si souvent signalées pour les frais de premier établissement des chemins de fer.

4°. *Voie de fer.* Nous n'aurons pas, on le prévoit bien, une grande différence sur ce paragraphe des dépenses; et même il est facile de comprendre que la différence en moins devra être ici en faveur de la ligne la plus longue, qui présente, proportionnellement, à construire moins de gares d'évitement, de ports secs, etc., pour la sûreté de la voie et le chargement des marchandises : aussi, la dépense totale, pour la voie de fer entre Paris et Orléans, évaluée à 9,599,000 fr., et répartie entre les vingt-huit lieues et demie, donne par lieue 336,807 fr. ; tandis que la dépense, pour le même objet, entre Paris et le Havre, évaluée à 18,191,631 fr. pour les cinquante-six lieues, ne donne par lieue que 324,850 fr.

5°. *Travaux d'art et souterrains.* Les travaux d'art et souterrains de la ligne de Paris à Orléans figureront ici pour une faible somme, comparés à ceux de la ligne du Havre : ils se composent, pour la première, 1°. de quatre-vingt-douze ponts en maçonnerie à construire au-dessus ou au-dessous des communications rencontrées par le chemin de fer, 2°. de sept autres ponts ou viaducs établis au passage de la Bièvre, du Chalo, de l'Orge et de la Juine, 3°. de douze petits aqueducs pour l'écoulement des eaux pluviales, 4°. d'arcades destinées à faire passer le chemin de fer sur le port de Choisy-le-Roi, sans entraver le service des arrivages par la Seine, sans gêner l'écoulement naturel des eaux pluviales, sans intercepter l'abreuvoir public, 5°. de deux petites percées souterraines, d'une longueur de 450 mètres, ensemble. 6°. Enfin, une somme de 706,000 fr. pour ouvrages imprévus, porte l'ensemble de la dépense de cette partie du travail à 3,482,000 fr., c'est-à-dire à 122,175 fr. par lieue.

Sur le chemin de Paris au Havre 1°. treize souterrains à ouvrir, d'une longueur, ensemble, de 10,490 mètres ; 2°. les ponts ou viaducs à établir à la rencontre des routes royales et départementales, au nombre de deux cent trente-six ; 3°. quarante-six ponts ou aqueducs pour le passage des rivières de l'Oise, de l'Epte, de l'Andelle et des ruisseaux de la Viosne, du Réveillon, de la Bonde, de Mortemer, de Ry, de la Robec, du Cailly, etc. ; 4°. cinquante-et-un aqueducs pour l'écoulement des eaux pluviales ; 5°. enfin, une somme à valoir pour bâtimens, magasins et docks à Rouen et au Havre, paraissent, dans la dépense totale, pour 19,406,041 fr., ou 346,536 fr. par lieue.

6°. *Acquisition du matériel.* La somme exigée pour l'acquisition du matériel nécessaire à l'exploitation est estimée, sur la ligne de Paris à Orléans, à 794,000 fr. ou 27,859 fr. par lieue, et, pour l'autre ligne, à 2,637,000 fr. ou 47,089 fr. par lieue.

Ce parallèle entre chacune des parties de deux systèmes est le seul moyen que nous ayons de faire voir aux personnes qui veulent des études sérieuses, de quelle manière les prix de revient d'une lieue de chemin de fer peuvent varier, d'une ligne à une autre, du tiers, de la moitié, sans que les conditions imposées soient différentes. La justesse absolue de chacune des estimations données n'est point garantie ici ; mais leur valeur comparée, dont seulement nous avons besoin, est hors de doute, puisqu'elle a été réglée pour des dépenses de même nature sur des évaluations identiques, par le même ingénieur. Les actionnaires sont à même de juger quelles parties de l'entreprise font varier les prix en plus ou en moins, d'une ligne à une autre ligne; ils savent pourquoi une lieue de chemin de fer sur la route du Havre est à une lieue sur celle d'Orléans dans le rapport de 1,120,260 à 701,718 fr.

Nos conclusions ne peuvent aller au-delà : l'étude la plus attentive ne nous enseigne rien sur la préférence qui doit être accordée à l'une ou à l'autre; car, si les frais de premier établissement du chemin de Paris au Havre sont considérables, ses chances de gain le sont aussi. Qu'il doive coûter un million, un million et demi, ou même deux millions de frais d'exécution, il ne résulte de ce fait, pris isolément, aucune défaveur pour lui, puisque nous voyons, d'un côté, le chemin de Liverpool à Manchester, coûter 2,600,000 fr. de frais de premier établissement par lieue, et produire plus de 10 pour 100 de bénéfice net, grevé comme il l'est du transport des marchandises; et, d'un autre côté, les chemins de fer de la Belgique, fréquentés seulement par des voyageurs, ne pas produire 5 pour 100 au capital engagé, lorsque le prix de revient n'est que de 500,000 fr. par lieue. Dans l'incertitude où nous sommes sur le prix définitif de revient pour une ligne quelconque, le seul fait culminant est la légèreté du Gouvernement dans la fixation des tarifs : comment imaginer en effet aux bénéfices d'une industrie, dont on ignore les frais d'exécution, une limite inflexible, ridiculement abaissée ?

Les tarifs une fois réglés d'une manière équitable, si le chemin de fer de Paris au Havre, à Rouen, Dieppe, etc., n'était pas un bon placement, aucun chemin en France ne mériterait de fixer l'attention des capitalistes. Sur quel point trouver en effet une population plus agglomérée, plus riche, plus intelligente ? Dans quelle autre direction une ligne de fer ira-t-elle chercher des besoins de déplacement plus nombreux, plus répétés, une fréquentation plus considérable ?

L'activité utile des populations du Nord, l'esprit d'association qui les anime, sont des garanties morales d'un grand poids : ces qualités ont fait le Nord ce qu'il est, la tête du pays. Elles sont la cause dernière de la prépondérance du Nord sur le Midi, nous en sommes convaincu, et nous faisons des vœux pour que les habitans du Midi le comprennent enfin ; car alors, au lieu de chercher inutilement le remède à leurs souffrances dans des réclamations incessantes, dans des récriminations injustes, ils trouveront l'aisance et la richesse dans le développement des mêmes qualités; ils se conformeront au précepte *aide-toi, le ciel t'aidera*, non pas individuellement, mais par masses, par agglomérations puissantes.

Si nous voyons, d'un côté, que le chemin de Paris au Havre trouve sur place plus de consommateurs que celui de Paris à Orléans, nous constatons, d'un autre côté, que la construction de ce dernier sera moins coûteuse que celle de la plupart des autres chemins, parce qu'il exige moins de travaux d'art, parce qu'il parcourt une ligne presque droite, et que sur une partie notable de sa longueur il occupe un terrain peu coûteux; il touche dans son parcours à des centres de population assez considérables, et tend à faire de Paris et d'Orléans une seule et même ville, dont les points extrêmes seront pour les voyageurs à deux heures et demie de distance, grâce au chemin de fer. Ce chemin acquerra dans l'avenir un haut degré d'importance; sa position topographique l'établit comme tête de tous les chemins de fer de l'ouest et du midi, et d'une partie de ceux de l'est de la France.

Le chemin de Bordeaux à la Teste et les

deux lignes que nous avons étudiées jusqu'ici vont nous offrir au plus haut degré les contrastes que nous avons signalés au commencement de ce chapitre entre les voies de fer qui réclament avant tout une extrême économie dans les frais de premier établissement, et celles qui doivent être à grande vitesse, et par conséquent d'un prix de revient élevé.

Les chemins de Paris au Hâvre, de Paris à Orléans, viennent faire concurrence à des routes royales en bon état; celui de Bordeaux à la Teste, au contraire, est destiné à tenir lieu des autres moyens de communication qui n'existent pas, puisque la route royale de Bordeaux à Bayonne, qui pourrait desservir la Teste, n'est encore qu'un tracé figuré sur les cartes et dans les états officiels, et que la route départementale ne peut être de longtemps terminée.

Les moyens de transport pour les marchandises qui ne réclament pas une grande vitesse sont nombreux sur les deux premières lignes: ce sont la navigation, le roulage ordinaire, le roulage accéléré, dont nous connaissons le mouvement; et les diligences, qui peuvent donner, s'il le faut, au transport des marchandises une vitesse de trois lieues à l'heure, la même que pour les voyageurs.

Entre Bordeaux et la Teste, si l'on en

excepte trois ou quatre lieues de route départementale, il faut traverser des plaines de sables où les plus habitués ont souvent perdu le tracé. Pour le transport des marchandises, les charrettes du pays, attelées de deux bœufs, mettent deux jours entiers à parcourir les douze lieues, et autant pour le retour. Ce mauvais état des chemins ne permet à chaque voiture de charger que sept à huit quintaux métriques, et souvent beaucoup moins, en sorte que, pour un salaire rarement supérieur à vingt francs (les transports se font à raison de trois francs pour cent kilogrammes), la charrette, l'attelage et le conducteur, enlevés à l'agriculture, demeurent cinq jours entiers hors de la ferme. Pour le transport des voyageurs, une patache, et c'est la plus rapide, effectue le trajet en dix ou douze heures. Telles sont les voies de communication et les moyens de transport auxquels le chemin de fer de Bordeaux à la Teste vient faire concurrence avec ses locomotives. Une vitesse de quatre à six lieues à l'heure sera donc un bienfait immense dans ces contrées, moins connues en France que nos provinces d'Afrique.

Sur les lignes de Paris au Havre, de Paris à Orléans, un nombre de voyageurs à peu près illimité, une quantité de marchandises qui peut croître indéfiniment, offrent immédiatement de grandes ressources pour couvrir de grandes dépenses.

Entre Bordeaux et la Teste, le besoin de communications faciles se fait vivement sentir pour le transport des voyageurs et des marchandises ; mais ce transport est à créer en partie.

Pour ces raisons, un chemin d'une vitesse de quatre à six lieues à l'heure répond à tous les besoins ; et l'économie dans les frais de premier établissement, qui est une condition capitale pour les actionnaires, n'a d'autre limite que le degré de solidité de la voie nécessaire pour la sûreté des voyageurs. Aussi, lorsque nous examinons le cahier des charges annexé à la concession, nous ne pouvons expliquer l'obligation d'un *maximum* de pentes de trois millimètres et demi, et de courbes d'un rayon de 1,000 mètres au moins, imposées par le Gouvernement ; et nous comprenons encore moins les limites de 20 et 30 centimes par lieue pour le transport des voyageurs, de 50 centimes par tonne et par lieue pour celui des marchandises. Est-ce ainsi que devait être encouragée une industrie nouvelle dans un pays nouveau?

Lorsque M. Godinet s'engageait à exécuter à ses risques et périls les douze lieues de chemin de fer de Bordeaux à la Teste, avec une dépense de premier établissement de trois à quatre millions, et demandait un tarif de 40 c. par lieue pour les voyageurs, et de 60 c. à un franc par lieue pour les marchandises, ses propositions étaient équitables et devaient être acceptées. Au lieu de faire un rabais sur les tarifs, un Gouvernement ami du pays et intelligent aurait dû garantir aux actionnaires un *minimum* d'intérêt de 3 à 5 pour 100, et, au lieu d'établir une adjudication sur le temps de la concession, accorder cette concession à perpétuité. Les actionnaires du chemin de fer de Bordeaux à la Teste sont fondés, au moins au même degré que ceux des grandes lignes, à former de justes réclamations pour la liberté, ou du moins pour la délimitation plus équitable des tarifs.

Les points de comparaison extrêmes que nous avons choisis dans ce dernier rapprochement ont pour objet de faire mieux ressortir la nécessité, pour les actionnaires, d'une sévère économie dans les frais de premier établissement de la plupart des chemins de fer; car celui de Bordeaux à la Teste, dans une position exceptionnelle, quant à l'aspect du pays et aux moyens de communication existans, n'est pas inférieur à la plupart de ceux qui seront exécutés par la suite dans une foule d'autres directions, pour la quantité possible des transports : nous le verrons tout à l'heure.

Si nous exceptons quelques lignes, telles que celles de Paris au Havre, de Paris à Orléans, etc., qui peuvent et qui doivent même offrir des chemins à grande vitesse, les autres n'accepteront pas, si elles sont prudentes, les conditions de tracé, de pentes, de courbes, etc., actuellement imposées, et aucune ne regardera comme définitifs les tarifs réglés dans les cahiers des charges des lignes concédées.

Il faut que les actionnaires se pénètrent bien de cette vérité : que l'extension des obligations relatives au premier établissement, et la liberté rendue aux tarifs, sont pour eux, sur beaucoup de lignes, non seulement une question de prospérité, mais une condition d'existence.

Nous ne terminerons pas ce chapitre sans donner une attention spéciale au chemin de Bordeaux à la Teste. Plusieurs raisons nous portent à nous y arrêter : l'importance de l'un de ses points extrêmes, les généreux efforts que fait Bordeaux [1] pour fonder une associa-

---

(1) La ville de Bordeaux est évidemment le point de départ d'un progrès prochain du Midi dans la voie du commerce et de l'industrie nationale : elle donne l'exemple de l'association, et en offre les avantages

tion puissante entre les intérêts du Midi, l'avantage de cette étude pour la question générale, et la nécessité pour les actionnaires de s'accoutumer à apprécier rapidement les conditions, si variables d'un point à un autre, du problème qui est le sujet de ce livre.

L'industrie particulière a déjà commencé dans les Landes des travaux étendus : le canal destiné à joindre le bassin d'Arcachon aux étangs du littoral, et l'association agricole pour l'exploitation de ces vastes contrées, jusqu'ici stériles et presque désertes, sont des entreprises qui pourront rendre au chemin de Bordeaux à la Teste des services équivalens à ceux qu'elles en recevront. Le rapporteur du projet de concession en sentait l'importance, lorsqu'il s'appuyait sur elles pour démontrer l'utilité publique du projet. Pourtant, il faut le reconnaître, ces ressources sont pour un avenir éloigné. Mais les produits qui l'alimenteront au jour même de son ouverture

---

réalisés; elle en enseigne le moyen dans ses journaux. Elle a beaucoup à faire, nous le savons, pour amener à prévaloir l'esprit d'association et l'unité sur la tendance actuelle à l'isolement, au morcellement, à la division des intérêts, qui existe dans les personnes et dans les choses; mais elle connaît sa tâche, et nous espérons qu'elle saura la remplir.

sont le poisson et les coquillages, le produit des chasses maritimes, le charbon, le bois de chauffage et de construction, les matières résineuses de toute nature provenant des vastes forêts de pins qui meurent aujourd'hui sur pied, les verres à bouteille, la laine, la cire, les minerais de fer jetés en grande abondance dans les Landes. L'importance de Bordeaux assure l'écoulement de ces produits. « La construction projetée permettra encore, dit le rapporteur, l'établissement d'usines nouvelles pour la fonte et le traitement des minerais de fer, et donnera les moyens de tirer parti des semis de pin, dont on couvre les dunes depuis cinquante ans, sans que jusqu'ici le domaine de l'État en ait obtenu aucun revenu. »

« L'inspection de la carte, dit M. Laurence, rapporteur à la Chambre des Députés, démontre de plus que le chemin de fer de Bordeaux à la Teste pourrait devenir, sur une longueur de 40,000 mètres environ, la tête d'une des lignes qui, de Bordeaux, doit se diriger ultérieurement sur Bayonne; et le Gouvernement l'a sans doute ainsi pensé, puisque, bien que le projet n'impose que l'établissement d'une seule voie, le concessionnaire est tenu, par le cahier des charges, d'acquérir le terrain nécessaire à l'établissement d'une seconde voie, et de souffrir d'ailleurs tous les embranchemens qui seraient jugés utiles dans l'intérêt général.

« Le commerce maritime n'est pas moins intéressé à ce que ce projet se réalise. Il arrive souvent que les gros temps et la violence des vents du nord-ouest ne permettent pas de tenter l'entrée en rivière et le passage de Cordouan. Le seul refuge que la côte puisse offrir vers le sud est le bassin d'Arcachon, dont la passe, long-temps périlleuse, est aujourd'hui praticable pour les bâtimens d'un tonnage assez élevé, et peut s'améliorer encore. Des études particulières sont ordonnées, dans l'objet de vérifier ce qu'il est possible de faire pour fixer l'entrée du bassin, et la maintenir à une profondeur qui permette l'accès du port de la Teste au plus grand nombre possible des navires exposés sur cette côte à de si fréquens naufrages. Bordeaux aurait alors une sortie de plus dans l'Océan, et même en temps de guerre, puisqu'il faut tout prévoir, il y aurait plus de facilité à échapper par cette double issue aux croisières ennemies. En vue de la *Teste* et au large, un blocus serait toujours impraticable ou incomplet, tandis qu'à l'entrée de la rivière, il peut être fort étroitement maintenu. On n'a pas oublié que, sous l'Empire et malgré toute l'activité des croiseurs anglais, le port de la Teste reçut un grand nombre de chargemens et connut momentanément une prospérité dont le retour n'est pas impossible. »

Nous avons laissé à dessein M. le rapporteur continuer l'énumération des considérations de toutes sortes qui établissent l'utilité publique. Nous voyons clairement cette *utilité*; mais nous allons plus loin : il y a *nécessité*, à nos yeux, de donner des moyens de communication à une étendue de soixante lieues de terres, restées incultes, stériles et insalubres, parce qu'elles en manquent ; il y a *nécessité* de donner des moyens de communication à une population malheureuse, clair-semée et condamnée à la détresse, parce qu'elle en manque.

Et quoique la nécessité ne se montre pas là les armes à la main, comme en Bretagne, elle n'en existe pas moins ; le Gouvernement aurait dû le comprendre depuis long-temps. Il eût été juste, ce nous semble, de faire valoir ces considérations (l'intérêt des forêts de l'État et le cas d'une guerre), non pour démontrer l'utilité publique, mise en évidence par les deux seules raisons que nous venons d'avancer, mais pour réclamer du Gouvernement une aide, ou du moins une garantie que nous croyons obligée.

Les documens qui précèdent ne montrent encore que la partie la moins productive des revenus, celle qui provient du transport des marchandises; continuons de suivre M. le rapporteur dans l'estimation des produits probables :

« Des évaluations jointes aux pièces communiquées ne feraient ressortir qu'à un chiffre trop faible l'importance des transports de la Teste à Bordeaux, et réciproquement, et des divers points de la ligne aux points extrêmes. Le nombre des voyageurs qui font actuellement le trajet serait aussi peu considérable, et en supposant que le prix payé aujourd'hui ne subît, dans le tarif du chemin de fer, aucun abaissement, le produit total ne dépasserait pas beaucoup l'intérêt à 5 pour 100 du capital employé.

Mais ce n'est pas ainsi qu'il faut asseoir et limiter l'évaluation des revenus probables. Toute nouvelle communication, surtout de la nature de celle-ci, améliore et grandit le présent, mais plus encore l'avenir; elle aide à utiliser les produits actuels, ravit à la destruction ceux qui ne trouvaient pas de débouchés, mais surtout excite et provoque incessamment à des productions et à des créations nouvelles. En considérant sous cet aspect l'accroissement immédiat et plus ou moins prochain des transports entre Bordeaux et la Teste, on reconnaît bien vite que les matières résineuses, les combustibles, les bois de construction, les produits des usines existantes, se déplaceront dans cette direction, en quantité plus grande; les forêts s'exploiteront en bois sciés et débités; de nouveaux hauts-fourneaux vont s'élever; la Compagnie dite d'Arcachon exécute dans de grandes proportions des dessèchemens et défrichemens; chaque jour les forêts dont les dunes se couvrent, croissent et augmentent d'étendue; le canal de la Teste à Mimizan doit apporter bientôt, au chemin de fer, de riches tributs; ce canal et le chemin lui-même peuvent se prolonger jusqu'à Bayonne et la frontière d'Espagne, et cette seule éventualité ferait la fortune de l'entreprise. Voilà bien des chances appréciables de prospérité. Quelques unes sont déjà certaines.

« Le mouvement des voyageurs suivra de son côté une progression ascendante proportionnelle. Les estimations les plus faibles décuplent le nombre des personnes qui pourront être transportées, et il est même difficile d'assigner un terme à cet accroissement, si l'on veut bien considérer, d'une part, que les rapports commerciaux multiplieront les causes de mobilité des hommes, de l'autre, que la Teste est un des lieux les plus rapprochés où les populations de plusieurs départemens voisins puissent aller prendre les bains de mer, et qu'aujourd'hui, dans Bordeaux même, la plupart des citadins ne connaissent pas le port de la Teste. Cette petite ville deviendra, en quelque sorte, une annexe de la grande cité, et en contribuant à la prospérité de celle-ci, doit s'enrichir elle-même. »

Toutes les considérations de M. Laurence sur l'état présent des transports, sur leur développement possible, nous paraissent fondées et sans exagération ; mais les conditions onéreuses imposées aux actionnaires ne peuvent, ni en droit ni en équité, être calculées sur cette chance de grand développement probable ; car, avant que des communications faciles aient créé la prospérité que nous espérons, des années, de nombreuses années, doivent s'écouler.

M. Laurence a donné lui-même la mesure des conditions à imposer lorsqu'il a dit que le transport des marchandises et des voyageurs actuellement en circulation dans le pays, calculé sur le prix payé aujourd'hui, ne produirait qu'une somme suffisante pour servir à 5 pour 100 l'intérêt du capital engagé. L'exactitude d'un pareil fait suffirait assurément pour donner confiance aux actionnaires ; mais il impose au Gouvernement l'obligation de fixer les meilleures conditions possibles, et il ne l'a pas fait. Les actionnaires d'une entreprise peuvent très bien accepter les chances d'une position médiocre, dans la vue d'un brillant avenir ; mais le Gouvernement ne doit pas, en réglant les conditions onéreuses, prendre pour base l'éventualité favorable qui détermine les bailleurs de fonds.

Les terrains à bas prix, les terrassemens peu considérables, l'abondance des bois et le peu d'importance des travaux d'art opèreront une réduction notable sur les frais de premier établissement. La facilité pour se procurer le bois à bon marché est une circonstance dont ils tireront parti, sans doute, pour en étendre l'emploi ; peut-être pourraient-ils adopter le système de plusieurs chemins de l'Amérique, sur lesquels des rails en bois sont armés d'une bande de fer. L'application des procédés de M. Boucherie (1) pour la conservation des bois

(1) La question de la conservation des bois a occupé en France et en Angleterre une foule de savans, dont les recherches ont eu pour objet les applications de la chimie et de la physique aux arts et à l'industrie. Leurs travaux n'avaient fait connaître aucun moyen simple et économique de préserver les bois de la destruction, qui les frappe si rapidement dans une foule de circonstances, lorsque le docteur Boucherie eut l'idée de profiter de la force d'aspiration des vaisseaux séveux pour faire pénétrer dans toutes les parties, entre toutes les fibres des arbres nouvellement abattus, quelques unes des substances démontrées conservatrices. Cette idée est celle d'un homme doué du génie de la science,

lève l'objection qui pourrait être faite contre leur usage dans un sol humide et marécageux.

Une ville riche et populeuse, de cent vingt mille habitans, et un bassin vaste formé par la mer, environné de produits abondans qui doivent s'accroître chaque jour, tels sont les deux points extrêmes que les actionnaires du chemin de Bordeaux à la Teste sont appelés à réunir.

Les besoins si nombreux et si variés de la grande cité du Midi promettent un écoulement facile et avantageux aux productions des Landes, et ces relations commerciales attireront vers la Teste l'argent et la population commerçante de Bordeaux. Les communications une fois assurées, un autre avantage augmentera encore le nombre des voyageurs : les établissemens de bains de mer de la Teste, fondés sur l'une des plus belles plages du monde, amèneront vers l'extrémité la moins vivante une émigration nombreuse pendant toute la belle saison.

Ce sont là des chances de prospérité réelles

---

et nous paraît avoir l'importance des plus grandes découvertes. Les nombreuses expériences faites par M. Boucherie dans le but de s'assurer de l'exactitude de sa conception l'ont conduit à la solution de plusieurs questions de physiologie végétale, aussi importantes pour la science que le sont pour l'industrie celles relatives à la conservation des bois.

que nous aimons à présenter aux actionnaires ; mais ces chances se trouvent notablement contre-balancées par l'abaissement des tarifs à une moyenne de 20 à 25 c. par lieue et par voyageur, et de 50 c. par tonne de marchandise et par lieue. Les motifs, insuffisans à notre avis, qui ont conduit ailleurs à de telles limites n'existent même pas pour le chemin de Bordeaux à la Teste. Où trouver en effet dans ce dernier pays la masse qui forme à Paris, à Orléans, au Havre, etc., la classe des travailleurs, qui prend sur le prix de son labeur le moyen de couvrir les dépenses d'un voyage, toutes les fois que ses besoins ou son mieux-être le lui conseillent? Dans l'état actuel de la Teste et du pays environnant, la population se divise en deux fractions bien distinctes : l'une, industrielle et industrieuse, pour qui la rapidité et la facilité des communications est beaucoup plus précieuse que le bon marché ; celle-là ne voyagera ni plus ni moins, que les tarifs soient fixés à 25 ou 35 et 40 c. ; l'autre, primitive, si je puis ainsi dire, vivant des produits de la pêche et de la garde des troupeaux, et ne pouvant voyager avec un tarif de 25 c. ; elle ne voyagerait même pas quand on lui offrirait le transport gratuit ; car elle ne peut quitter ses travaux un jour entier sans voir ses moyens d'existence compromis pour le lendemain. Mais, dira-t-on, la classe si intéressante, qui manque à la Teste, est nombreuse à Bordeaux, comme dans tous les grands centres de population. Objection spécieuse ! Avec ses faibles moyens, elle ne se déplace pas pour satisfaire ses goûts et ses caprices; elle se rend de Paris, où elle souffre, au Havre, à Rouen, à Orléans, etc., où elle espère être mieux; elle va d'un centre de population à un autre centre : mais que pourra-t-elle aller chercher à la Teste, d'ici à une dizaine d'années au plus tôt?

Vous qui réglez des tarifs, qui arrêtez les conditions des plus grandes affaires, connaissez-vous les populations dont vous prenez, dites-vous, les intérêts? Le Landais qui vient à Bordeaux, de loin en loin, avec un morceau de pain dans son sac, monté sur ses échasses, préfère assurément une pièce de vingt sous à une ou deux journées de son temps, et pourtant encore, avec ces tarifs moyens de 25 centimes, qui compromettent l'avenir des Compagnies, vous ne pouvez lui faire parcourir douze lieues pour cette pièce de vingt sous, qu'il préfère à son temps. Et d'ailleurs, il ne le perd pas tout-à-fait, ce temps précieux; il tricotte en marchant, et continue ainsi l'ouvrage qu'il faisait en gardant ses troupeaux.

Nous avons dit que le motif qui avait dicté les tarifs des grandes lignes, l'intérêt des masses, était insuffisant pour justifier une mesure qui met en question la fortune et l'avenir des actionnaires de ces lignes. Revenons à cette proposition, et rendons-la, s'il est possible, encore plus évidente : un ouvrier qui va de Paris à Orléans, dans l'état présent des transports, paie sa place en diligence *douze francs* au moins. Il déjeûne à Étampes et dîne à Orléans, et ces deux repas lui coûtent trois francs au moins. Il est parti le matin à huit heures de Paris, il arrive le soir à Orléans vers six heures. Il a perdu sa journée de travail, son seul capital, qui ne peut être évaluée à moins de *trois francs*: il a donc dépensé *dix-huit francs*. Le chemin de fer, libre d'arrêter ses tarifs, lui offre des wagons à 30 centimes (*minimum* d'un tarif équitable); il part à six heures du matin de Paris, et arrive à neuf heures à Orléans. Il a payé, pour son voyage, neuf francs, juste la moitié de la dépense actuelle. N'est-ce pas là un assez grand avantage? et notez que, si l'ouvrier allait exécuter du travail, le reste de la journée lui offrirait des ressources plus que suffisantes pour ses besoins.

Nous soumettons ces faits au Gouvernement, et nous rappelons aux actionnaires que les tarifs tels qu'ils sont réglés aux cahiers des charges les condamnent à la médiocrité, ou peuvent même compromettre leurs capitaux. Que les chemins soient à grande vitesse et coûtent d'un à deux millions de premier établissement, ou bien qu'ils aient une vitesse moitié moindre, avec un prix de revient de trois à cinq cent mille francs, sur tous les points, la sûreté des bailleurs de fonds exige impérieusement la liberté des tarifs.

CHAPITRE VIII.

Conclusion.

Le placement des fonds sur les entreprises des chemins de fer en France est-il une bonne spéculation?

Cette question, que nous nous sommes proposé de résoudre, recevra ici une réponse aussi nette et aussi précise que le permettent les faits réunis dans ce livre. On a pu voir avec quelle sévérité nous avons exclu toute considération politique, morale ou sociale, qui n'allait pas directement à notre but. Nous avons sacrifié volontairement la partie la plus noble de la question, celle qui avait par-dessus tout nos sympathies; nous avons voulu qu'aucune préoccupation ne vînt gêner le lecteur dans la marche et le développement de la question financière.

La liberté de nos jugemens sur les hommes et sur les choses a dû lui prouver que l'intérêt seul de la vérité et des actionnaires nous a constamment dirigé: la louange et le blâme ont été distribués par nous sans calcul et sans crainte, tels qu'ils ressortent des faits. Le lecteur attentif saura, nous l'espérons, nous tenir compte de notre indépendance et de notre impartialité.

Une première proposition a été mise hors de doute dans notre introduction.

PREMIÈRE PROPOSITION :

En général, et sous le double rapport scientifique et industriel, l'industrie des chemins de fer est, de toutes, celle qui promet aux actionnaires les plus beaux résultats.

Il importait par-dessus tout de mettre dès le début cette proposition en relief. En effet, que plusieurs des charges imposées par le Gouvernement soient arbitraires et injustes; que l'obligation de traverser par des viaducs les routes royales et départementales qu'on aurait pu franchir de niveau, entraîne une dépense plus forte des neuf dixièmes sur ces points; que les conditions imposées de tracé, de pente, de courbes, aient pour conséquence, dans plusieurs directions, de tripler, de quintupler les frais de terrassemens, sans aucune nécessité; que les dimensions et la nature des travaux d'art détaillés aux cahiers des charges obligent à des dépenses que ne réclament point la sûreté des voyageurs et le bien du service; que les lois d'expropriation entraînent des lenteurs préjudiciables aux intéressés; que les droits de prohibition sur les fers et les autres matières étrangères amènent momentanément une augmentation fâcheuse de ces matériaux en France; que les tarifs *provisoirement* établis ne présentent à ces charges exceptionnelles que des ressources plus faibles qu'en aucun autre pays; que l'obligation exorbitante, dépourvue de toute prudence et de toute équité, de faire gratuitement plusieurs services publics, prive les compagnies d'un juste salaire; que tous ces faits et plusieurs autres encore soient regrettables, malheureux, reprochables au Gouvernement, il n'en résulte pas que l'industrie des chemins de fer soit mauvaise et ruineuse; car tous ces élémens sont humains et peuvent être changés. Mais, que la donnée scientifique eût été fausse ou stérile, que l'industrie des chemins de fer n'eût pu, sans perte évidente, entrer en concurrence libre avec les autres moyens de transports : cette double impuissance eût frappé de mort, dès sa naissance, l'industrie nouvelle. C'est donc avec raison que nous avons étudié d'abord scientifiquement et industriellement la question.

SECONDE PROPOSITION

Qui découle également de cette étude :

Il est impossible de déterminer d'une manière rigoureuse les limites de la puissance motrice et le dernier degré de perfectionnement dont le système est susceptible.

Partant de ces propositions, nous avons pu et dû représenter aux actionnaires que les entreprises des chemins de fer leur offraient des placemens avantageux, avec les sûretés et les garanties que l'on est en droit d'attendre du commerce et de l'industrie. Mais ce conseil ne se rapportait évidemment qu'à la question générale. Il fallait, sous peine de rester dans la considération théorique, et par conséquent d'être inutile aux gens de pratique, en venir à l'exécution, à la matière même à exploiter dans telle ou telle direction, sous telles et telles conditions. C'est en entrant ainsi dans le fond même des choses que nous avons pu attaquer une à une les difficultés de toutes sortes, et donner aux actionnaires des indications utiles sur les moyens de les en faire triompher.

Mais aussi, en nous attaquant aux choses, nous avons vu une question simple se changer en une compliquée ; et ce changement, facile à prévoir, a nécessité l'examen et l'appréciation de chacun des élémens compliquans, et fait pressentir l'impossibilité d'une réponse absolue et unique. Nous avons, en conséquence, par l'étude des travaux à faire, par l'évaluation modérée de l'augmentation de la circulation, en supposant que les dépenses fussent conduites avec toute l'économie possible, sans autres règles que celles que réclame la sûreté des voyageurs, *sans autres conditions restrictives ou onéreuses*, constaté un troisième fait, et établi une

TROISIÈME PROPOSITION :

L'industrie particulière, agissant librement pour l'exécution de la voie et la fixation des tarifs, et s'appliquant aux lignes étudiées par le Gouvernement ou par les Compagnies, a des chances de bénéfices sur la plupart des chemins de fer projetés, et peut en entreprendre avec confiance l'exécution et l'exploitation.

Les faits et les raisons que nous avons présentés ont établi cette proposition. Quoiqu'elle ne soit pas encore la réponse à la question telle qu'elle est posée par les cahiers des charges, elle s'en rapproche cependant beaucoup, et elle est d'une grande importance, en ce qu'elle formule les demandes que les actionnaires et les concessionnaires doivent faire au Gouvernement dans la plupart des concessions.

Les intéressés auront à faire valoir, pour obtenir *la liberté de l'industrie des chemins de fer*, les raisons les plus puissantes. Le Gouvernement a reconnu lui-même que les faits accomplis dans les autres pays étaient trop peu nombreux, trop récens, trop incomplets, pour pouvoir fournir une formule générale applicable aux chemins de fer de la France. Comment, après une telle déclaration, a-t-il pu aller prendre dans chaque pays les conditions les plus onéreuses pour les imposer aux Compagnies françaises? Quel enchaînement, ou plutôt quel entortillement de faits et de raisons a pu le porter à réunir les conditions de premier établissement de l'Angleterre, qui entraînent les plus grandes dépenses, avec des tarifs presqu'aussi abaissés que ceux de la Belgique, qui fournissent les plus faibles revenus?

Si nous devons reconnaître avec M. le ministre des travaux publics qu'il ne découle pas de l'expérience des autres pays des formules exactement applicables à nos chemins, M. le ministre doit admettre avec nous que plusieurs résultats positifs obtenus par ces pays signalent des écueils que nous pouvons éviter, et que nous éviterons sûrement avec la liberté dans l'exécution de la voie de fer et dans la fixation des tarifs. Bien entendu que, dans ces limites, nous ne rejetons pas le contrôle et la surveillance de l'autorité; nous les croyons même nécessaires.

Un corollaire de la proposition qui précède est la suivante :

QUATRIÈME PROPOSITION :

Dans des positions aussi favorables que ceux de Paris au Havre et de Paris à Orléans, des chemins de fer exécutés et exploités avec l'entière liberté de la concurrence et des tarifs offrent aux actionnaires des chances de grands bénéfices.

Dans le cas de cette liberté, les chemins de Paris au Havre et de Paris à Orléans eussent été très probablement soumis, après les quinze premières années, à la révision des tarifs, pour se conformer à la clause des cahiers des charges actuels qui porte que si le tarif moyen des quinze dernières années a excédé 10 pour 100 du capital primitif de l'action, ce tarif sera réduit dans la proportion de l'excédant. En effet, ces deux routes auraient eu tout lieu d'espérer des bénéfices nets au-dessus de dix pour cent; et quoiqu'aucune raison forte et décisive n'investisse le pouvoir du droit de révision dans ce cas, l'intérêt des consommateurs devrait faire tolérer aux concessionnaires la limite arbitraire apportée à leurs revenus.

Nous ne comprenons pas que le ministre des travaux publics, instruit comme il l'est de tout ce que la question des chemins de fer renferme d'imprévu, d'*inconnu*, ait imposé aux revenus d'autres limites que celles résultant de la disposition précédente.

Enfin, si nous venons à nous renfermer dans toute la rigueur des conditions stipulées, nous voyons la position des actionnaires sensiblement modifiée par une foule de clauses onéreuses, imposées à l'établissement de la ligne pour laquelle ils ont fourni des fonds : ils devront faire la voie selon un tracé dont les points principaux sont invariables de deux en deux, de trois en trois lieues au plus. Ainsi, une colline vient-elle à se présenter, il faut l'aplanir; une vallée, il faut la combler, sans qu'il soit loisible, par un faible détour, d'éviter la dépense. La pente *maximum* accordée ne pourra dépasser trois millimètres par mètre : le Gouvernement a bien constaté que sur les chemins de l'Angleterre et de l'Amérique, il existait des pentes bien plus considérables, n'importe : la perfection de l'art le veut ainsi, l'obligation est imposée. Le chemin pourrait être d'abord à une seule voie et satisfaire tous les besoins, deux voies lui sont commandées à partir du jour même de l'ouverture, parce qu'il est dans une certaine catégorie, parce que cette disposition vaut mieux. Libre, il pourrait s'infléchir, et par des courbes de 500, de 600, de 800 mètres de rayon, éviter souvent des terrassemens de plusieurs milliers de mètres cubes; mais, entravé comme il l'est par un *minimum* de courbes de mille mètres, il doit renoncer à une économie facile. Une route royale ou départementale se présente, le chemin de fer pourrait la passer de niveau, au moyen d'une dépense de barrières et de gardes de trois à quatre mille francs, le Gouvernement trouve meilleur que la circulation ne soit pas interrompue un instant sur la route; des viaducs sont imposés, pour que la voie de fer ait à passer au-dessus ou au-dessous; la dépense est augmentée de huit, de dix, de vingt, de trente mille francs : il lui plaît que ce soit ainsi. A la rencontre des rivières, des canaux, les ponts pourraient, lorsque le cours d'eau n'a pas une grande largeur, être en bois et tournans, d'une structure économique : il n'en sera rien, car les ponts fixes en maçonnerie ou en fer valent mieux, ont un plus bel aspect, et la route est plus monumentale. Les aquéducs coûteraient moins cher s'ils étaient construits avec les matériaux les plus abondans du pays où ils sont établis; mais, en fer et en maçonnerie de forme et de grandeur déterminées, ils seront d'un plus bel effet : le Gouvernement les exige. On pourrait dire qu'il suffit que les eaux coulent, mais cette réflexion ferait rire. *Un grand peuple, une grande nation* comme la France doit-elle exécuter des travaux qui ne frappent pas d'admiration les yeux et l'esprit à la fois? ses entreprises ne doivent-elles pas porter l'empreinte de sa grandeur et de sa puissance? une économie étroite n'est-elle pas indigne d'elle?

On peut répondre qu'il n'est point ici question de grand peuple, de grande nation, mais d'actionnaires qui ont apporté leurs capitaux à des entreprises dans la juste espérance de bénéfices raisonnables, et que tout ce luxe, toute cette magnificence, s'obtiennent à leurs dépens. S'ils étaient pris, eux aussi, de la manie des monumens, il faudrait leur dire une vérité : c'est que lorsque l'on a de la vanité, de la puérile vanité, on ne doit point la satisfaire en faisant des chemins de fer, car cela est trop coûteux.

Les chemins ainsi établis, selon toutes les

clauses qui précèdent, auraient pu, pendant les dix premières années au moins, être affranchis de tout impôt sur le prix des places ; mais les intérêts du trésor veulent que l'impôt soit prélevé au jour même de la mise en activité. Le service de la poste par les chemins de fer offrait au public et à l'État de très grands avantages ; il était pour les Compagnies une occasion de bénéfices faciles et courans : le Gouvernement a exigé que ce service fût gratuit.

Tout ce qui précède démontre jusqu'à l'évidence que M. le ministre a le sentiment du mieux et de la perfection dans les arts et dans l'industrie ; qu'en aucune occasion il n'a oublié de profiter des études des ingénieurs pour avoir le dernier mot de l'expérience, et qu'il n'a négligé aucune des réserves favorables à l'administration. Mais il ne paraît nulle part préoccupé de l'avenir des bailleurs de fonds, et, en ceci, il mérite nos reproches. Qu'il lutte d'habileté avec ses banquiers, rien de mieux ; la partie est égale des deux côtés, et tout avantage obtenu de part et d'autre est du droit de la guerre ; mais des individus étranger aux affaires, qui ignorent les chances d'une entreprise à laquelle ils ont confiance par instinct plutôt que par connaissance, qui fournissent tant de millions à des travaux d'utilité publique, nous paraissent mériter plus de sollicitude de la part du pouvoir.

La liberté des tarifs était un dernier moyen de leur témoigner cette sollicitude, et le pouvoir n'en a pas profité. Si même, pour qu'il pût être dit qu'aucune chose ne peut se faire sans lui et qu'il est partout nécessaire, il voulait imposer une limite, ne pouvait-il pas, au lieu de 25 cent. en moyenne par voyageur et par lieue, choisir le chiffre de 35 cent., et au lieu de 48 à 50 cent. par tonne et par lieue pour les marchandises, fixer le prix à 70 ou 75 cent.? Nous avons démontré qu'avec de tels tarifs les grandes lignes en concession faisaient encore leurs affaires; d'où nous tirons une

CINQUIÈME PROPOSITION:

Les lignes de Paris à Orléans, de Paris au Havre, et quelques autres peut-être, en se conformant à toutes les prescriptions des cahiers des charges, peuvent, avec des tarifs de 35 à 40 cent. par voyageur et par lieue, de 70 à 75 cent. par tonne et par lieue pour les marchandises, espérer des bénéfices suffisans.

Le rapprochement des différens cahiers des charges nous présente un fait que nous ne pouvons expliquer raisonnablement : c'est l'analogie, la presque identité des clauses pour tout chemin, que la concession ait pour objet une ligne que des ressources considérables et une position favorable veulent à *grande vitesse*, ou bien qu'elle se rapporte à une ligne qui promet moins de revenu, dans un terrain fortement accidenté. Les conditions de tracé, de pente et de courbes restant à peu près invariables, comment impose-t-on une clause à peu près commune dans des circonstances si différentes?

Poursuivons nos conclusions.

En acceptant les tarifs tels qu'ils sont aux cahiers des charges, nous entrons entièrement dans la position des actionnaires, nous l'acceptons avec toutes ses obligations, ses entraves, ses restrictions, et les faits nous conduisent à cette

SIXIÈME PROPOSITION :

Les placemens de fonds sur les entreprises de chemins de fer en France (de Paris à Orléans et de Paris au Havre) sont une bonne spéculation, si l'on n'accepte que comme provisoires deux ou trois clauses des cahiers des charges. Si ces clauses devaient être définitives, une telle spéculation ne pourrait convenir à des capitalistes pressés de jouir, et ce serait aux actionnaires à examiner s'il leur convient, pour voir leur position s'améliorer, de courir les chances probables de quelque grande simplification dans le système des chemins de fer et des machines à vapeur.

Mais plusieurs Compagnies forment leur tracé définitif : selon toute probabilité, des études plus approfondies les amèneront à constater ce que nous avons dit et redit sur *l'insuffisance des tarifs*. Les concessionnaires et les actionnaires doivent réunir leurs efforts pour obtenir des modifications à ce point capital.

SEPTIÈME PROPOSITION :

La liberté des tarifs, ou une limite équivalente à cette liberté, est la plus importante condition de prospérité des chemins de fer, et elle est même, pour plusieurs, une condition d'existence.

Ici se termine notre tâche; nous l'avons remplie sans préoccupation ni préjugé. Après l'intérêt des actionnaires, que nous sommes venu défendre, ce que nous avons le plus à cœur, c'est l'exécution des chemins de fer.

LISTE
ALPHABÉTIQUE ET EXPLICATIVE
DES
TERMES DE DROIT ET D'ART
CONTENUS DANS CE VOLUME.

ACTE DE SOCIÉTÉ, contrat passé entre deux ou plusieurs individus par le ministère d'un officier public, et en vertu duquel les parties contractantes acceptent ou s'imposent certaines obligations, se réunissent dans un but d'exploitation, d'exécution d'une entreprise, d'une industrie. (V. SOCIÉTÉ ANONYME.) Les STATUTS d'une société commerciale sont les réglemens qu'elle arrête pour se gouverner elle-même.

ACTION, acte authentique qui constate une mise de fonds dans une société commerciale, et qui donne un droit à prendre part aux avantages de l'entreprise. Ce mot s'applique aussi à la somme versée. Comme la mise de fonds dans les sociétés commerciales a toujours pour objet l'exploitation d'une chose mise en société, il n'est pas loisible au propriétaire d'actions de retirer son argent quand il lui plaît; mais le titre qui constate la mise de fonds peut être échangé, vendu, négocié, etc. Toute entreprise commerciale, industrielle, produit à ceux qui la possèdent des résultats plus ou moins avantageux, elle inspire plus ou moins de confiance; de là, la valeur essentiellement variable de l'action. Si l'entreprise est mauvaise ou discréditée, l'action se vend au-dessous de sa valeur nominale, sans limite autre que les craintes qu'elle inspire : ainsi, une action qui représente une mise de fonds de 1,000 fr. peut n'être vendue que 500 fr., 200 fr., 100 fr., etc.; elle peut même perdre toute valeur. Si, au contraire, l'entreprise prospère, si elle donne de grands bénéfices, l'action acquiert une valeur double, triple, décuple, centuple, etc., de sa valeur primitive : ainsi, dans plusieurs entreprises industrielles, des actions de 1,000 fr., de 5,000 fr. ont été vendues 100, 200 et 300,000 fr., etc. Souvent même, avant qu'une entreprise ait rien pu produire, par le fait seul de la confiance ou de la défiance, ses actions sont négociées au double ou à la moitié de leur valeur : une action de 500 fr. négociée à 800 fr. obtient, dit-on, une prime de 300 fr. La *prime* est donc la différence entre la valeur nominale de l'action et le prix de vente. Les chances de perte et de bénéfice, dans les limites que nous avons désignées, donnent au commerce des actions l'intérêt et les émotions du jeu; et la condition de ne verser le montant de l'action que par cinquièmes, dixièmes, vingtièmes, etc., accroît le nombre des personnes qui peuvent y prendre part. Le commerce des actions date, en France et en

Angleterre, de la première moitié du XVIIIe siècle. Les fraudes, les mensonges, les tricheries et piperies de toute sorte, dont ce commerce est l'objet, le mettent souvent au-dessous du jeu des tripots pour la sûreté et la moralité. — ACTIONNAIRE, propriétaire d'une ou de plusieurs actions ; il serait peut-être utile de suivre ici l'actionnaire dans ses rapports avec les gérans, directeurs et administrateurs des entreprises ; mais nous dépasserions le cadre de notre travail.

ADJUDICATION, acte judiciaire, public, par lequel on attribue à une personne ou à une compagnie un droit, un bien quelconque. Lorsque l'adjudication a pour objet la vente d'un meuble ou d'un immeuble, elle se fait aux enchères, et la personne qui offre le plus haut prix de la chose mise en vente la reçoit ; lorsque l'adjudication a pour objet l'exécution de travaux, elle se fait au rabais, et la personne qui offre de s'en charger au plus bas prix reçoit l'adjudication. — L'*adjudicataire* est celui à qui, dans l'un ou l'autre cas, revient la chose en adjudication.

AMORTISSEMENT, rachat, extinction d'une dette, remboursement d'un capital ; le fonds consacré à cet usage s'appelle *fonds d'amortissement*. La nécessité d'un fonds d'amortissement dans les entreprises de chemin de fer de la France, est une conséquence de la limite apportée à la concession. Ce fonds se forme d'une réserve faite, chaque année, sur le bénéfice net, sur le revenu, et, en cela, il diffère absolument de l'*amortissement de la dette publique*, puisque celui-ci consiste à amortir une dette avec une somme empruntée, à remplacer un emprunt par un emprunt : cet amortissement fictif a séduit les plus habiles ; il a été entre les mains de Pitt l'arme la plus puissante contre la France. (V. la *Biographie de Pitt*, par F. Fayot.) — L'amortissement du capital engagé pour frais de premier établissement dans les entreprises de chemin de fer peut avoir lieu de deux principales manières : ou *par remboursement intégral*, ou *par annuités*. Dans le premier cas, une réserve de tant pour cent sur les bénéfices nets est capitalisée chaque année ; lorsque cette réserve s'élève au cinquième, au dixième, au vingtième, selon les conventions, du capital engagé, une fraction correspondante de l'action est remboursée : ainsi, lorsque la réserve s'élève au cinquième du capital, le cinquième de la valeur nominale de l'action revient au propriétaire. Cette forme d'amortissement donne à l'actionnaire plus qu'il n'a versé, en supposant que les bénéfices réalisés permettent le remboursement intégral ; car il a en plus l'intérêt de son argent, qu'il peut placer de nouveau depuis l'époque de chaque remboursement jusqu'à la fin de la concession. L'amortissement par *annuités* est un paiement fait aussi sur le revenu de l'entreprise, mais chaque année, pour rembourser le capital avec ses intérêts. On comprend d'ailleurs que le dividende ne suit point la décroissance du capital engagé, qui s'acquitte chaque année par l'amortissement ; il n'est pas réparti d'après la valeur intrinsèque de l'action, mais d'après le nombre des actions : ainsi, à quelque temps que ce soit de la concession, un dividende (somme à diviser, à partager) à répartir entre cent actions sera le quotient de la division de 10,000 fr. par 100, qui est le nombre des actions.

AQUÉDUC (*aqua*, eau, et *ductus*, conduit), construction en pierre, en brique, en bois ou en fer, faite dans un terrain inégal, pour faciliter et diriger l'écoulement des eaux. Les aquéducs sont des travaux de première nécessité dans l'établissement des chemins de fer ; la conservation de la voie, l'exploitation des propriétés voisines et le bon état des autres moyens de communication en font souvent une loi impérieuse. Leurs frais de premier établissement peuvent d'ailleurs éprouver de grandes variations, selon l'aspect du terrain, selon les conditions de matériaux de construction acceptées par les concessionnaires.

ARE, unité qui a été adoptée pour mesurer les surfaces de terrain dans le système des nouvelles mesures : c'est un carré de dix mètres de côté; il équivaut donc à cent mètres carrés ; il renferme cent carrés d'un mètre de côté. Les quantités de de dix en dix fois plus petites, sont le *déciare*, le *centiare*, qui est la centième partie de l'are, et équivaut à un mètre carré. Les quantités de dix en dix fois plus grandes sont le *décaare*, qui n'est pas usité, et l'HECTARE, cent fois plus grand que l'are, et qui, par conséquent, vaut dix mille mètres carrés. L'*hectare* est à l'ancien arpent des eaux et forêts dans le rapport de 1 à 1,96, c'est-à-dire, que l'*hectare* est presque le double de l'ancien arpent des eaux et forêts ; il est presque le triple de l'ancien arpent de Paris. Les variations de ces mesures anciennes d'un point à un autre de la France, et l'habitude, encore conservée, de compter par arpent, nous a fait penser qu'il était important de bien déterminer la valeur absolue et la valeur relative de la mesure nouvelle.

BANQUIERS. Dans la stricte acception du mot, les banquiers, possédant des capitaux et en recevant sous leur responsabilité, font des prêts, des avances de fonds, moyennant une certaine rétribution : ils sont dépositaires et prêteurs. Montesquieu restreignait beaucoup leur rôle dans les affaires : *Les banquiers*, disait-il, *sont faits pour changer de l'argent et non pour en prêter.* — Les banquiers, dans toutes les sociétés, naissent avec le commerce et l'industrie ; ils prennent de l'importance et grandissent comme ces deux modes de l'activité humaine ; ils sont, pour ainsi dire, caissiers et intendans du commerce. Lorsqu'ils se mêlent aux affaires de l'industrie, ils peuvent, s'ils sont honnêtes, lui rendre les plus grands services, même en réalisant des bénéfices considérables ; mais leur crédit prêté aux industriels dans un but d'exploitation, de spoliation, est, pour ces derniers, une des causes les plus certaines de ruine. Un fait suffira pour prouver ce que peuvent faire de bien ou de mal leur crédit et leur influence : « On évalue à la somme de 150 milliards les valeurs qui s'échangent, année commune, entre les divers banquiers de Londres. »

Les banquiers et les grands capitalistes qui ont obtenu la concession des deux grandes lignes de Paris au Havre et de Paris à Orléans, sont en tout intermédiaires entre les actionnaires et le Gouvernement; ils sont responsables. (V. Concession.)

CAHIER DE CHARGES, état des clauses et conditions auxquelles l'adjudicataire ou le concessionnaire doit se soumettre. Ces conditions sont à tel point obligatoires, que de la non-observation de quelqu'une résulte la déchéance. (V. ce mot.) — Leur étude est importante pour l'actionnaire, puisque, d'une part, elle lui montre en grande partie l'étendue des charges qui lui sont imposées, et que, d'autre part, elle lui fait connaître la limite du produit par la fixation des tarifs : c'est par la méditation de ces deux élémens, dépense et recettes probables, qu'il doit se convaincre de la nécessité des justes réclamations que nous lui avons conseillées en vingt endroits de notre travail.

CAUTIONNEMENT, chose engagée comme garantie d'une promesse; il se dit aussi de la personne qui garantit. Dans les entreprises de chemins de fer, le cautionnement est un capital déposé comme garantie de la bonne et complète exécution des clauses contenues aux cahiers de charges.

CHAIR, sorte de fourchette en fonte, fixée de trois en trois pieds sur des socles et destinée à recevoir les rails entre ses branches. Ce chair, ou *coussinet*, reçoit, dans l'écartement de ses deux branches, la partie moyenne et amincie du rail, et, dans une excavation de sa partie inférieure, le renflement par lequel il se termine. Lorsque le rail est ainsi ajusté au chair par une sorte d'engrénure, un vide reste entre le rail et le chair, sur le côté du rail qui n'a pas de renflement; un coin en bois remplit ce vide et assujettit solidement le rail au coussinet. — Le chair s'élargit à sa partie inférieure et offre une base par laquelle il repose sur le dé, et lui adhère au moyen de clous qui le fixent.

CLAUSE, partie d'un contrat qui contient quelque disposition particulière. — La clause de *retour à l'État* est la disposition particulière du cahier de charges en vertu de laquelle une concession ou une adjudication doivent appartenir, revenir à l'État, après un certain nombre d'années. *La clause* se compose le plus souvent d'un certain nombre de *conditions ;* elle a donc une acception plus étendue.

CONCESSION, faculté, droit accordé à un ou à plusieurs individus de faire un travail, une entreprise, d'après certaines conditions : la concession d'une entreprise d'utilité publique est *directe* lorsque la personne qui l'obtient a traité de gré à gré avec l'administration. La concession directe éloigne, comme on le voit, l'idée de concurrence, d'adjudication. (*V.* ce mot.) Les *concessionnaires* sont les personnes qui ont obtenu la *concession ;* elles traitent avec le Gouvernement seulement en leur nom ; elles se chargent de l'affaire à leurs risques et périls : c'est contre elles que s'exerce tout recours de l'autorité supérieure. Il est d'ailleurs plusieurs points où les limites de cette garantie ne sont pas bien déterminées : ainsi, pour le chemin du Havre et pour celui d'Orléans, le ministre désirerait que les premiers souscripteurs restassent garans, même en cas de vente ou de cession, jusqu'à l'épuisement du fonds social, c'est à-dire jusqu'au terme des travaux; les compagnies, au contraire, demandent que cette garantie soit limitée aux trois premiers versemens qui représentent le quart du capital. — La mesure proposée par le ministre a l'inconvénient de gêner le placement et le commerce des actions, et par conséquent de rendre les concessionnaires moins hardis, et l'exécution moins facile; mais elle offre aussi une garantie contre l'agiotage et les manœuvres de bourse si scandaleuses. *L'expiration de la concession* est l'époque à laquelle elle fait retour à l'État.

CONVOI, suite de diligences, de wagons reliés entre eux et traînés par une ou plusieurs machines locomotives.

COURBES, inflexions de la voie de fer : elles ne peuvent être brusques, sans exposer les voitures à perdre les rails; plus elles se rapprochent de la ligne droite, et plus elles sont favorables à la vitesse et à la sûreté de la marche. Le *rayon d'une courbe* de chemins de fer est le rayon de la circonférence dont la courbe fait partie, si elle est régulière, ou bien le rayon du cercle osculateur de cette courbe : la courbe se rapproche d'autant plus de la ligne droite, que son rayon est plus grand; si le rayon est infini, la ligne peut être considérée comme droite. La proportionnalité constante entre la longueur de la courbe et son rayon, quand on considère un même angle au centre, permet d'exprimer le développement de la courbe par la longueur du rayon. C'est ainsi que nous voyons, parmi les prescriptions des cahiers de charges, celle de courbes de 1,000 mètres de rayon, et, dans les cas exceptionnels, de 800 mètres de rayon ; on voit facilement l'intention de cette clause : elle est de diminuer l'action de la force centrifuge qui sollicite les roues à abandonner les rails, et de conserver encore une grande vitesse sur les points du chemin qui ne sont pas en ligne droite.

DÉBLAIS, enlèvement de terres pour mettre un terrain de niveau ou pour le ramener à un degré de pente déterminé. Les travaux de déblais offrent des difficultés très différentes, selon la nature des terrains, sablonneux, argileux, semés de rochers, etc. : de là, la lenteur ou la rapidité de cette partie du travail, et aussi l'élévation plus ou moins grande de la dépense qui y est relative : ainsi, elle varie et s'accroît, non seulement en proportion de la quantité des déblais, mais encore en proportion de leur difficulté.

DÉCHÉANCE, exclusion, perte d'un droit : lorsqu'on dit qu'une compagnie, faute d'avoir entièrement exécuté les travaux du chemin de fer dans les délais fixés au cahier des charges, *encourra la déchéance*, on entend qu'*elle sera exclue* de son entreprise, qu'*elle perdra le droit* de continuer et d'achever ses travaux. Dans ce cas, la compagnie évincée n'a droit qu'à l'indemnité qui résulte de la mise à prix des ouvrages déjà construits, des matériaux approvisionnés, des terrains achetés et des portions du chemin déjà mises en exploitation.

DÉPOSSESSION, acte par lequel un propriétaire perd la *possession* de tout ou partie de son immeuble, sans que son droit de propriétaire cesse. C'est là une distinction qu'il est bien important de saisir, pour voir que la *dépossession* demandée dans ce travail ne porte point atteinte au droit de propriété. — La *possession* d'un objet immeuble en donne la jouissance comme le ferait la *propriété*; mais, pour que cette possession devienne propriété, il faut un titre légal, sans lequel un possesseur non troublé dans sa jouissance pendant vingt ans et plus peut être dépossédé sans avoir le droit de réclamer. La dépossession, même immédiate, laisse donc au propriétaire tous ses droits à la chose.

DÉS, bases de pierre, de granit ou de bois sur lesquelles reposent et sont attachés les chairs, dont le pied est percé de deux trous que traversent de gros clous destinés à les rattacher aux dés. Lorsque les dés sont en pierre ou en granit, on y pratique d'abord, à la mèche et bien verticalement, des trous que l'on remplit ensuite par des chevilles en bois, afin que les clous puissent les pénétrer et opérer la réunion du chair et du dé. « Quand la pose des rails a lieu sur des terres nouvellement remuées, on met entre les dés des traverses de bois qui unissent les deux lignes de rails. L'espace entre les dés est rempli de pierres concassées, et l'on prend un soin particulier de donner écoulement aux eaux qui pourraient diminuer la stabilité des dés. » (*Almanach Claudius.*)

EXPROPRIATION, acte qui consomme l'enlèvement d'un bien à celui qui le possède; elle ne peut avoir lieu par voie administrative que pour cause d'utilité publique légalement constatée ; une indemnité préalable est la condition de son accomplissement. L'élan donné à l'industrie et aux entreprises d'utilité publique par la révolution de juillet, et les onéreuses dépossessions que la Restauration avait été contrainte d'effectuer pour l'exécution des canaux votés en 1822, ont fait généralement demander la réforme de la législation relative aux expropriations pour cause d'utilité publique. La loi du 7 juillet 1833 est venue mettre en vigueur un nouveau système. Le jury de propriétaires, auquel est confiée principalement l'appréciation du préjudice causé, est une amélioration introduite par cette loi dans le mode d'expropriation. Mais la succession des démarches à faire et la fixation définitive de l'indemnité sont encore l'occasion de bien des lenteurs : ainsi, d'après la loi du 7 juillet 1833, 1°. l'utilité publique doit être déclarée par une commission d'enquête formée de propriétaires et désignée par le préfet. 2°. Un registre est ouvert pour recevoir les opinions des habitans sur les rapports que l'entreprise peut avoir avec leur propre intérêt, d'où résulte la nécessité d'un certain délai. 3°. Après quoi, la commission d'enquête se rassemble, examine et discute les observations contenues au registre, émet son avis sur la question d'utilité publique, dresse procès-verbal de ses opérations, et l'adresse au préfet. 4°. Celui-ci le transmet au ministre. 5°. Intervention d'une loi qui déclare le chemin de fer entreprise d'utilité publique. 6°. Après que le tracé définitif, arrêté par l'administration supérieure, est parvenu au préfet, un plan parcellaire des propriétés particulières en question est dressé. 7°. Ce plan est rendu public, et les parties intéressées doivent en prendre connaissance et adresser leurs observations dans la huitaine. 8°. Une commission est nommée et convoquée pour examiner les réclamations qui s'élèvent sur la direction des travaux et sur les inexactitudes du plan ; elle se réunit au chef-lieu de l'arrondissement sous la présidence du sous-préfet. 9°. Sur l'avis de cette commission, le préfet rend un arrêté énonciatif des biens à acquérir et de l'époque de leur prise de possession. 10°. Un appréciateur nommé par lui procède, en présence des parties intéressées, du maire, du percepteur et du contrôleur des contributions directes, à l'estimation des immeubles, et porte dans son rapport, en regard des sommes qu'il propose d'allouer comme indemnité, celles que les propriétaires réclament. 11°. Sur ce document, le préfet détermine, sauf l'approbation du ministre compétent, le montant des offres *amiables* qui sont faites aux propriétaires; et si ceux-ci les acceptent, un contrat de vente est dressé administrativement et sans frais. 12°. En cas de refus, le tribunal de première instance prononce l'expropriation dans les trois jours. 13°. Le préfet notifie le jugement aux parties et leur fait des offres judiciaires. 14°. Faute d'acceptation dans la quinzaine, convocation est faite d'un jury chargé de statuer sur les indemnités. 15°. Un magistrat, directeur du jurys, préside à ses opérations, et sa voix est prépondérante en cas de partage. 16°. Le jury, après une discussion publique dans laquelle il juge sur pièces et sur renseignemens verbaux, délibère en séance secrète sur les fixations d'indemnité qui lui sont soumises. 17°. L'indemnité une fois fixée, le montant en est payé à la partie avant *la prise de possession*. 18°. En cas de refus, des offres réelles sont faites, et l'on passe outre.

Les différentes démarches à faire pour arriver à la fixation de l'indemnité entraînent encore plus de longueur que ne le comportent les intérêts des concessionnaires, dans les entreprises des chemins de fer. D'ailleurs, il existe en faveur de la modification que nous réclamons un précédent que l'on peut invoquer : c'est la loi du 30 mars 1831, qui règle la forme de l'expropriation, lorsqu'il s'agit de travaux d'urgence commandés par le département de la guerre ou par celui de la marine. Dans ces cas, lorsqu'une ordonnance royale a déclaré l'utilité publique et l'urgence, dans les dix jours de la réception et à la diligence du préfet et du procureur du roi, le tribunal du lieu, jugeant sommairement, prononce l'expropriation, et fixe, sur le rapport d'un juge commissaire qui a entendu les parties sur les lieux, l'indemnité provisionnelle, dont la consignation autorise l'administration à commencer les travaux. On voit que, dans cette circonstance, la dépossession est presque immédiate ; et d'ailleurs, en ce qui concerne les concessionnaires des chemins de fer, on comprend qu'une manière de procéder analogue ne leur donnerait aucun droit exorbitant, puisque, l'indemnité une fois déposée et la possession prise, tous les droits des propriétaires seraient réservés. Une telle manière de procéder diminuerait le nombre des oppositions, tout en simplifiant la forme légale prescrite pour lever celles qui se présenteraient.

FRAIS D'EXPLOITATION. Sous cette désignation sont comprises toutes les dépenses qui résultent de la mise en activité des chemins de fer, et qui sont les frais d'administration, les frais d'entretien de la voie, les frais pour la conservation en état des machines, des wagons, des diligences, etc., pour l'acquisition des combustibles et autres approvisionnemens ayant un rapport nécessaire avec l'exploitation.

FRAIS DE PREMIER ÉTABLISSEMENT. Sous cette désignation sont comprises toutes les dépenses faites depuis le jour où la concession a été obtenue, jusqu'à celui de la mise en activité de la voie : elles s'appliquent aux études de tracé, aux acquisitions de terrains, aux terrassemens, aux déblais, remblais et empierrement, à l'acquisition et à la pose de la voie de fer, à tous les travaux d'art, à l'acquisition du matériel, et enfin aux frais des constructions nécessaires à l'exploitation du chemin.

GARES, lieux où les convois peuvent passer pour laisser libre la direction principale : on les appelle *gares d'évitement*, c'est-à-dire, comme l'indique le nom, gares destinées à prévenir la rencontre des convois marchant en sens opposés. Les *gares ou ports secs* sont aussi des déviations de la ligne de fer établies dans les villes ou auprès des rivières que traverse le chemin ; elles ont pour objet de recevoir en chargement des diligences et wagons, sans que les communications soient interceptées.

GRAMME, unité de poids du système des nouvelles mesures, équivalente au poids d'un centimètre cube d'eau distillée ramenée à son *maximum* de densité. Pour fixer l'unité de poids on a choisi l'eau distillée parce que, dans cet état seulement, ses élémens sont identiques sur tous les points du globe ; l'eau distillée a été prise à son point le plus élevé de densité, parce que, dans cet état, les volumes identiques donnent des poids identiques. Le gramme ainsi déterminé équivaut, en mesures anciennes, à 18 grains $\frac{83}{100}$ environ. Les mesures de dix en dix fois moindres que le gramme sont le *décigramme*, le *centigramme*, etc., et celles de dix en dix fois plus grandes, sont le *décagramme*, l'*hectogramme* et le KILOGRAMME, qui vaut mille grammes. Le *kilogramme*, dont il est souvent parlé dans notre travail, vaut un peu plus de *deux livres anciennes*, ou trente-deux onces et demie environ.

HOMOLOGATION, approbation, confirmation qui ordonne l'exécution d'un acte.

MACHINES LOCOMOTIVES. Une description détaillée des machines à vapeur employées sur les chemins de fer dépasserait l'objet et les limites de notre travail ; nous renvoyons, pour leur description, aux traités spéciaux. Nous nous bornerons ici à donner quelques notions historiques sur l'application de la vapeur comme force motrice, et à préciser l'idée première des machines locomotives, qui appartient à notre compatriote Papin : elle consiste à *combiner dans une même machine à feu l'action de la force élastique de la vapeur avec la propriété dont cette vapeur jouit de se condenser par le refroidissement*. (Les détails qui suivent sont extraits de la notice de M. Arago, sur les machines à vapeur. Annuaire du bureau des longitudes pour l'année 1829, page 143 et suiv.)

1°. *Héron d'Alexandrie* (120 ans avant Jésus-Christ) est inventeur d'une machine où l'écoulement de l'eau, des gaz ou des vapeurs devient cause de mouvement : c'est sur le principe de ce mouvement que sont fondées toutes les *machines à réaction*; mais elles n'ont d'autre rapport avec les machines à vapeur que celui d'un mouvement produit par le même agent.

2°. M. de Navarrette a publié en 1826, dans la Correspondance astronomique de M. le baron de Zach, la note ci-après, qui lui a été communiquée par M. Thomas Gonzalez, directeur des archives royales de Simancas.

« Blasco de Garay, capitaine de mer, proposa, « l'an 1543, à l'empereur et roi Charles-Quint, une « machine pour faire aller les bâtimens et les gran- « des embarcations, même en temps de calme, « sans rames et sans voiles.

« Malgré les obstacles et les contrariétés que ce « projet essuya, l'empereur ordonna que l'on en fît « l'expérience dans le port de Barcelone, ce qui « effectivement eut lieu le jour 17 du mois de juin « de ladite année 1543.

« Garay ne voulut pas faire connaître entièrement « sa découverte. Cependant on vit, au moment de « l'épreuve, qu'elle consistait dans une grande chau- « dière d'eau bouillante et dans des roues de mou-

« vement attachées à l'un et à l'autre bord du bâ-« timent.

» On fit l'expérience sur un navire de 200 ton-« neaux, appelé *la Trinité*, arrivé de Colibre pour « décharger du blé à Barcelone, capitaine Pierre « de Scarza.

« Par ordre de Charles-Quint, assistèrent à cette « expérience don Henri de Tolède, le gouverneur « don Pierre de Cardona, le trésorier Ravago, le « vice-chancelier et l'intendant de la Catalogne.....

« Dans les rapports que l'on fit à l'empereur et au « prince, tous approuvèrent généralement cette in-« génieuse invention, particulièrement à cause de « la promptitude et de la facilité avec laquelle on « faisait virer de bord le navire.

« Le trésorier Ravago, ennemi du projet, dit « qu'il irait deux lieues en trois heures : que la ma-« chine était trop compliquée et trop coûteuse, et « que l'on serait exposé au péril que la chaudière « éclatât. Les autres commissaires assurèrent que « le navire virait de bord avec autant de vitesse « qu'une galère manœuvrée suivant la méthode or-« dinaire, et faisait une lieue par heure, pour le « moins.

« Lorsque l'essai fut fait, Garay emporta toute « la machine dont il avait armé le navire ; il ne dé-« posa que les bois dans les arsenaux de Barcelone, « et garda tout le reste pour lui.

« Malgré les oppositions et les contradictions faites « par Ravago, l'invention de Garay fut approuvée, « et si l'expédition dans laquelle Charles-Quint « était alors engagé n'y eût mis obstacle, il l'aurait « sans doute favorisée.

« Avec tout cela, l'empereur avança l'auteur d'un « grade, lui fit un cadeau de 200,000 maravédis, « ordonna à la trésorerie de lui payer tous les frais « et dépenses, et lui accorda en outre plusieurs « autres grâces.

« Cela *résulte* des documens et des registres ori- « ginaux que l'on garde dans les archives royales « de Simancas parmi les papiers de l'état du com- « merce de Catalogne et ceux des secrétariats de « guerre, de terre et de mer dudit an 1543.

« Thomas Gonzalez.

« Simancas, 27 août 1825. »

Suivant M. de Navarrette, il résulte de la note qu'on vient de lire, que *les vaisseaux à vapeur sont une invention espagnole, et que de nos jours on l'a seulement fait revivre.* De là découlerait aussi la conséquence que Blasco de Garay doit être considéré comme le véritable inventeur des machines à feu.

Ces prétentions me paraissent devoir être repoussées l'une et l'autre. Je pense d'abord, en thèse générale, que l'histoire des sciences doit se faire exclusivement sur des pièces imprimées. Des documens manuscrits ne sauraient avoir aucune valeur pour le public; car le plus souvent il est dépourvu de tout moyen de constater l'exactitude de la date qu'on leur assigne. Des extraits de manuscrits sont moins admissibles encore. L'auteur d'une analyse n'a pas quelquefois bien compris l'ouvrage dont il veut rendre compte, et il substitue, souvent même sans le vouloir, les idées de son temps, ses propres idées, aux idées de l'écrivain qu'il abrége. J'accorderai, toutefois, qu'aucune de ces difficultés n'est applicable dans cette circonstance particulière; que le document cité par M. de Navarrette est bien de 1543, et que l'extrait de M de Gonzalez est fidèle; mais qu'en résultera-t-il? — Qu'on a essayé, en 1543, de faire marcher les bateaux avec un certain mécanisme, et rien de plus. La machine, dit-on, renfermait une chaudière; donc c'était une machine à vapeur. Ce raisonnement n'est point concluant. Il existe, en effet, dans divers ouvrages, des projets de machines où l'on voit du feu sous une chaudière remplie d'eau, sans que la vapeur y joue aucun rôle: telle est, par exemple la machine d'Amontons. Enfin, lors même qu'on admettrait que la vapeur engendrait le mouvement dans la machine de Garay, il ne s'ensuivrait pas nécessairement que cette machine était nouvelle et qu'elle avait quelque ressemblance avec celles d'aujourd'hui; car Héron, comme on l'a vu plus haut, avait déjà décrit, seize cents ans auparavant, le moyen de produire un mouvement de rotation par l'action de la vapeur. J'ajouterai même que si l'expérience de Garay a été faite, que si sa machine était à vapeur, tout doit porter à croire que c'est la machine d'Héron qu'il employait. Cette machine, en effet, n'est pas d'une exécution très difficile, tandis que, on peut l'assurer hardiment, la plus simple des machines à vapeur d'aujourd'hui exige dans sa construction une précision de main-d'œuvre fort supérieure à tout ce qu'on aurait pu obtenir au seizième siècle. Au reste, Garay n'ayant pas voulu montrer sa machine, même aux commissaires que l'empereur avait nommés, toutes les tentatives qu'on pourrait faire aujourd'hui, après trois siècles, pour établir en quoi elle consistait, n'amèneraient évidemment aucun résultat certain.

En résumé, le nouveau document exhumé par M. de Navarrette doit être écarté, 1°. parce qu'il n'a été imprimé ni en 1543 ni plus tard; 2°. parce qu'il ne prouve pas que le moteur de la barque était une véritable machine à vapeur; 3°. parce qu'enfin, si une machine à vapeur de Garay a jamais existé, c'était, suivant toute apparence, l'éolipile à réaction, déjà décrit dans les œuvres d'Héron d'Alexandrie.

3°. Salomon de Caus, dans un ouvrage publié en 1615, donne un théorème ainsi conçu : *l'eau montera par aide du feu plus haut que son niveau.*

Voici la démonstration d'une des machines à l'aide desquelles il justifie son énoncé :

Une sphère creuse en cuivre, garnie d'un tube de même métal, armé d'un robinet qui le ferme au besoin, et destiné à l'introduction du liquide, est remplie d'eau aux deux tiers ou aux trois quarts; un tube de métal la perce à sa partie supérieure et plonge dans l'eau jusqu'au voisinage du fond, sans le toucher toutefois. L'appareil ainsi disposé est mis sur le feu, et l'action de la chaleur développant la vapeur à la surface du liquide, il en résulte une compression qui fait monter toute l'eau par le tube qui plonge au fond. — Cette manière d'appliquer la vapeur n'a point encore de rapport direct et immédiat avec la machine à vapeur des locomotives. C'est, dit M. Arago, une véritable machine à vapeur propre à opérer des épuisemens. Mais peut-être supposerait-on, si je me bornais au passage précédent, que Salomon de Caus ignorait la cause de l'ascension du liquide par le tuyau. Cette cause, toutefois, lui était parfaitement connue, et j'en trouve la preuve dans son théorème Ier, p. 2 et 3, où, à l'occasion d'une expérience toute semblable, il dit que « laviolence de la vapeur (produite par « l'action du feu) qui cause l'eau de monter est « provenue de ladite eau, laquelle vapeur sortira « après que l'eau sera sortie par le robinet avec « grande violence. »

4°. Le marquis de Worcester a fait, en 1663, une application de la force élastique de la vapeur, qui l'a fait proclamer par les Anglais le premier inventeur des machines à vapeur. La description qu'il donne lui-même de son procédé prouvera que lui encore a dirigé la même puissance, de manière seulement à obtenir des machines propres à opérer des épuisemens.

« J'ai inventé, dit-il, un moyen admirable et « très puissant d'élever l'eau à l'aide du feu, non « par aspiration, car alors on serait renfermé, « comme disent les philosophes, *intra sphæram* « *activitatis*, l'aspiration ne s'opérant que pour « certaines distances; mais mon moyen n'a pas de « limite, si le vase a une force suffisante. Je pris, « en effet, un canon entier dont la bouche avait « éclaté, et l'ayant rempli d'eau aux trois quarts, « je fermai par des vis l'extrémité rompue et la lu- « mière; j'entretins ensuite dessous un feu con- « stant, et au bout de vingt-quatre heures le canon « se brisa en faisant un grand bruit. Ayant alors

« trouvé le moyen de former des vases qui se forti-
« fient par le développement de la force inté-
« rieure, et qui se remplissent l'un après l'autre,
« j'ai vu l'eau couler d'une manière continue comme
« celle d'une fontaine, à la hauteur de quarante
« pieds. Un vase d'eau raréfiée par l'action du feu
« élevait quarante vases d'eau froide. L'ouvrier qui
« surveille la manœuvre n'a que deux robinets à
« ouvrir, de telle sorte qu'au moment où l'un des
« deux vases est épuisé, il se remplit d'eau froide
« pendant que l'autre commence à agir, et ainsi
« successivement. Le feu est entretenu dans un degré
« constant d'activité par les soins du même ouvrier;
« il a pour cela tout le temps nécessaire durant les
« intervalles que lui laisse la manœuvre des ro-
« binets. »

Le lecteur connaît maintenant tout ce que le marquis de Worcester a jamais écrit sur la machine à feu. C'est l'unique titre sur lequel se fonde M. Partington de l'institution de Londres, dans sa nouvelle édition (1825) de la *Century of Inventions*, pour décider, avec tous ses compatriotes, que « Worcester est le premier homme qui ait découvert un moyen d'appliquer la vapeur comme agent mécanique; invention qui seule, ajoute-t-il, suffirait pour immortaliser l'âge dans lequel cet homme vivait. »

Examinons à notre tour ce paragraphe tant de fois cité, et voyons, sans partialité, ce qu'on y trouve au fond.

J'y vois d'abord une expérience propre à montrer que l'eau réduite en vapeur peut, à la longue, rompre les parois des vases qui la renferment; or, cette expérience était déjà connue en 1605, car Flurence Rivault dit expressément que les éolipiles crèvent avec fracas quand on empêche la vapeur de s'échapper. Il ajoute même : *L'effet de la raréfaction de l'eau a de quoi épouvanter les plus assurés des hommes.* (*Élémens d'artillerie*, p. 128. Paris, 1605.)

J'y vois encore l'idée d'élever de l'eau à l'aide de la force élastique de la vapeur. Cette idée appartient à Salomon de Caus, qui l'avait publiée quarante-huit ans avant l'auteur anglais.

J'y trouve enfin la description d'une machine propre à opérer cet effet ; mais qui ne voit que la machine de Salomon de Caus élèverait aussi de l'eau à une hauteur quelconque, si l'on supposait le vase suffisamment fort et la chaleur assez intense ? Peut-être dira-t-on que la machine du marquis de Worcester est préférable ? Je pourrais l'accorder sans que cela tirât à conséquence ; car il n'est pas question ici de rechercher qui a imaginé la meilleure machine à feu, mais seulement qui a pensé le premier à tirer parti de la force élastique de la vapeur pour soulever un poids ou pour produire du mouvement. Au reste, avant de comparer le projet du marquis de Worcester à tout autre projet, il faudrait savoir bien exactement en quoi le premier consistait ; or, ce problème n'a pas encore été résolu, tant est vague la description de la soixante-huitième invention du lord anglais. Tout le monde imaginerait aujourd'hui aisément une machine propre à soulever de l'eau par l'action de la vapeur ; mais s'il est question de reproduire celle du marquis de Worcester, il faut s'astreindre à faire ce que dit l'auteur, et pas davantage.

En s'imposant ces deux conditions, M. Stuart a trouvé qu'on approcherait autant que possible de la description de son compatriote, si l'on groupait deux appareils de Salomon de Caus de manière à produire par leur jeu alternatif un écoulement continu. Les autres solutions qu'on a données jusqu'ici de la même question, celle de Millington, par exemple, sont évidemment inadmissibles.

Lorsque MM. Thomas Young, Robinson, Partington, Tredgold, Millington, Nicholson, Lardner, etc., présentaient le marquis de Worcester comme l'inventeur de la machine à feu, l'ouvrage de Salomon de Caus leur était sans doute inconnu; mais ce qui précède établissant, sans réplique, que la première idée de soulever des poids à l'aide de la force élastique de la vapeur appartient à l'auteur français; que même si la machine de son compétiteur a jamais existé, elle était, suivant toute apparence, la machine décrite près d'un demi-siècle auparavant dans l'ouvrage intitulé *Raison des forces mouvantes*, on s'empressera, sans doute, à l'avenir, d'inscrire le nom modeste de Salomon de Caus partout où, jusqu'ici, avait figuré en première ligne celui du marquis de Worcester.

5°. Denis Papin, médecin, né à Blois, fit connaître, de 1690 à 1695, une application de la force élastique de la vapeur tellement analogue aux applications qui se font aujourd'hui pour la construction des locomotives, qu'elle nous paraît de nature à faire saisir clairement l'idée première du système entier.

Soit un large cylindre vertical, entièrement ouvert à la partie supérieure, et reposant sur une base métallique armée d'une soupape susceptible de s'ouvrir de bas en haut à volonté. Plaçons dans le milieu de ce cylindre un piston mobile qui en ferme bien exactement l'ouverture. L'atmosphère pèsera de tout son poids sur la face supérieure de ce piston; elle le poussera de haut en bas. Si la soupape est ouverte, la portion d'atmosphère dont la capacité se remplira, tendra, au contraire, par sa réaction, à faire remonter le piston. Cette seconde force sera égale à la première, parce que, dans un gaz comme dans un fluide, la pression en chaque point est la même dans tous les sens. Le piston, sollicité ainsi par deux forces opposées qui se font équilibre, descendra toutefois, mais seulement en vertu de son propre poids. Il suffira donc d'un effort un tant soit peu supérieur à ce même poids pour faire monter le piston jusqu'au haut du cylindre et pour l'y maintenir.

Supposons qu'en effet le piston soit amené ainsi à l'extrémité supérieure de sa course, et cherchons à le faire descendre avec force. Un moyen bien efficace consisterait à fermer la soupape, et ensuite, si cela était possible, à anéantir tout à coup et complétement dans le corps de pompe la portion d'atmosphère qui remplit la capacité. Alors le piston ne recevrait plus d'action que de l'atmosphère extérieure dont il est chargé. Cette action s'exercerait sur sa surface supérieure, de haut en bas, et aurait pour mesure le poids d'un cylindre d'eau de 10 mètres (32 pieds) de hauteur, et dont la base serait égale à celle du corps de pompe, ou, ce qui revient au même, le poids d'un cylindre de mercure d'une base pareille et de 76 centimètres

(28 pouces 1 ligne) de hauteur seulement ; car tel est le poids de l'atmosphère. Le piston descendrait alors nécessairement, et pourrait même entraîner dans sa course un poids égal à celui du cylindre d'eau ou de mercure dont je viens de parler.

En suivant toujours la même hypothèse, admettons qu'à l'instant où le mouvement descendant s'est complétement opéré, on ouvre la soupape. L'atmosphère viendra agir par-dessous et contre-balancer l'action de l'atmosphère supérieure. Il suffira dès lors d'un petit effort pour faire rétrograder le piston jusqu'au sommet du corps de pompe et ramener toutes les parties de l'appareil à leur position initiale. Un second anéantissement de l'atmosphère intérieure fera descendre de nouveau le piston, et ainsi de suite.

En résumé, dans cet appareil, il suffit d'une petite dépense de force pour soulever le piston, tandis que son mouvement descendant peut produire les plus grands effets. Si une corde est attachée par un bout au centre du piston, et s'enroule par son autre extrémité sur la gorge d'une poulie, on pourra, à chaque mouvement descendant, soulever un très grand poids d'une quantité égale à la hauteur du corps de pompe. Avec un cylindre de 2 mètres de diamètre, le poids soulevé à chaque oscillation descendante du piston serait de 31,000 kilogrammes.

L'idée de la machine dont je viens de parler appartient à Papin. Elle est expliquée fort nettement dans les Actes de Leipsick pour l'année 1688, p. 644, et ensuite avec quelques nouveaux développemens dans une lettre au comte Guillaume Maurice. (*Voyez* l'ouvrage imprimé à Cassel en 1695, et intitulé : *Recueil de diverses pièces touchant quelques nouvelles machines*, p. 38 et suiv.) Il nous reste maintenant à faire connaître les moyens que Papin avait proposés pour anéantir, aux momens convenables, la couche d'air atmosphérique, qui, placée sous le piston, aurait empêché son mouvement descendant, ou, ce qui revient au même, comment il faisait à volonté le vide dans la partie inférieure du corps de pompe.

Ce physicien eut quelque temps la pensée de se servir pour cela d'une roue hydraulique qui aurait fait mouvoir les pistons d'une pompe aspirante ordinaire. Lorsque le cours d'eau chargé de mettre cette roue en mouvement se serait trouvé très éloigné de la machine, il aurait lié celle-ci à la pompe par l'intermédiaire d'un tuyau métallique continu semblable à ceux des usines à gaz de nos jours : c'était, disait-il, un *moyen de transporter fort loin la force des rivières*.

Dans cet état, en 1687, la machine fut présentée à la Société royale de Londres, où elle donna lieu à des difficultés dont Papin fait mention, sans dire cependant en quoi elles consistaient. (*Voyez* Recueil, p. 41.) Auparavant il avait essayé de faire le vide sous le piston au moyen de la poudre; mais, « nonobstant toutes les précautions qu'on y a observées, dit-il, il est toujours demeuré dans le « tuyau environ la cinquième partie de l'air qu'il « contient d'ordinaire, ce qui cause deux différens « inconvéniens. L'un est que l'on perd environ la « moitié de la force qu'on devrait avoir, en sorte « que l'on ne pouvait élever que 150 livres à un

« pied de haut, au lieu de 300 livres qu'on aurait « dû élever si le tuyau avait été parfaitement vide; « l'autre inconvénient est qu'à mesure que le pis- « ton descend, la force qui le pousse en bas dimi- « nue de plus en plus, etc. (Recueil, etc., p. 52.)

« J'ai donc tâché, ajoute-t-il, d'en venir à bout « d'une autre manière : *et comme l'eau a la pro- « priété, étant par le feu changée en vapeurs, « de faire ressort comme l'air, et ensuite de se « recondenser si bien* PAR LE FROID *qu'il ne lui « reste plus aucune apparence de cette force de « ressort, j'ai cru qu'il ne serait pas difficile de « faire des machines dans lesquelles, par le « moyen d'une chaleur médiocre et à peu de « frais, l'eau ferait ce vide parfait qu'on a inu- « tilement cherché par le moyen de la poudre à « canon.* »

Cet important paragraphe se trouve à la page 53 du recueil imprimé à Cassel en 1695, comme extrait des actes de Leipsick du mois d'août 1690. Il est suivi de la description du petit appareil dont Papin se servit pour essayer son invention. Le corps de pompe n'avait que 2 pouces de diamètre et ne pesait pas 5 onces. A chaque oscillation, il élevait cependant 60 livres d'une quantité égale à celle qui mesurait l'étendue de la course descendante du piston. La vapeur disparaissait si complétement quand on ôtait le feu, que le piston, dont cette vapeur avait amené le mouvement ascensionnel, « re- « descendait jusque tout au fond, en sorte qu'on « ne saurait soupçonner qu'il y eût aucun air pour « le presser au-dessous et résister à sa descente. » (Recueil, p. 55.) L'eau qui fournissait la vapeur, dans ces premiers essais, n'était pas contenue dans une chaudière séparée : elle avait été déposée dans le corps de pompe même, sur la plaque métallique qui le bouchait par le bas. C'était cette plaque que Papin échauffait directement pour transformer l'eau en vapeur ; c'était la même plaque qu'il refroidissait en éloignant le feu, quand il voulait opérer la condensation. Il rapporte qu'avec un feu médiocre, une minute lui suffisait, dans les expériences de 1690, « pour chasser ainsi le piston jus-« qu'au haut de son tuyau. » (Recueil, p. 55.) Mais dans des essais postérieurs, il « vidait les « tuyaux en un quart de minute. » (Recueil, p. 61.)

Au reste, il déclare lui-même qu'en partant toujours du principe de la condensation de la vapeur par le froid, on peut arriver au but qu'il se propose « par différentes constructions faciles à imagi-« ner. » (*V.* le Recueil, p. 53.)

La machine de Salomon de Caus, celle du marquis de Worcester, étaient de simples appareils d'épuisement. Leurs auteurs ne les avaient présentées que comme des moyens d'élever de l'eau. Tel était aussi le parti principal que Papin voulait tirer de sa machine à pression atmosphérique ; mais en même temps il avait parfaitement bien vu que le mouvement de *va et vient* du piston dans le corps de pompe pouvait recevoir d'autres applications et devenir un moteur universel. On trouvera en effet aux pages 58 et 59 du Recueil, et même déjà dans les actes de Leipsick de 1690, une méthode propre à transformer ce mouvement alternatif en mouvement de rotation. Je n'insisterai pas ici davantage sur cet objet, parce que nous aurons à nous en occuper plus loin, à l'occasion des bateaux à vapeur, et je terminerai l'article Papin en présentant au lecteur les conséquences diverses qui me paraissent découler des extraits qu'il vient de lire :

Papin a imaginé la première machine à vapeur à piston ;

Papin a vu le premier que la vapeur aqueuse fournit un moyen simple de faire le vide dans une grande capacité ;

Papin est le premier qui ait songé à combiner, dans une même machine à feu, l'action de la force élastique de la vapeur, avec la propriété dont cette vapeur jouit, et qu'il a signalée, de se condenser par refroidissement.

Les personnes qui liront l'Histoire des Machines à vapeur du docteur Robinson (*V.* la dernière édition commentée par Watt), y trouveront, p. 49, que le *premier* mémoire de Papin (*first publication*) sur les machines à feu est de 1707 ; que ce mécanicien n'a point proposé d'employer un véritable piston, mais un simple flotteur ; que jamais, au surplus, il n'avait songé, et que c'était là l'important, à produire le mouvement descendant d'un piston par la condensation de la vapeur. Ces arrêts sont consignés aussi dans l'Encyclopédie du docteur Rees, feuille F 2, article *Steam Engine*. L'auteur de cet article a lu, dans les Actes de Leipsick, la description des machines dans lesquelles Papin essayait de faire le vide à l'aide de la poudre, car il les cite ; mais, par une fatalité inexplicable, le mémoire inséré dans les mêmes Actes, où Papin substitue la vapeur d'eau à la poudre, n'a pas attiré ses regards, puisqu'il déclare que jamais les appareils de ce mécanicien ne furent *intended to be worked by steam*. M. Millington n'est guère plus favorable à notre compatriote, dont les idées, dit-il, sur les moyens de produire une puissance motrice à l'aide de la vapeur, sont toutes postérieures à la patente de Savery (p. 255); (la patente de Savery est de 1698). M. Lardner assure également, dans les leçons qu'il a publiées récemment, que les Français appuient leurs *prétentions* à l'invention de la machine à vapeur sur un ouvrage de Papin qui n'a paru qu'en 1707, neuf ans après la date du brevet de Savery. Cette remarque, ajoute-t-il, tranche tout-à-fait la question : Papin n'a droit à aucun partage dans l'invention de la machine à vapeur. (*V.* Leçons sur la machine à vapeur, p. 96, 97 et 101 de l'édition française.)

N'est-il pas vraiment bizarre que la plupart des auteurs anglais s'obstinent ainsi à ne citer qu'un seul ouvrage de Papin, celui de 1707; qu'ils ne veuillent tenir aucun compte de l'ouvrage beaucoup plus volumineux auquel j'ai emprunté textuellement divers passages et dont il a paru deux éditions dans la même année 1695, l'une à Cassel en français, l'autre à Marbourg en latin; que tous les mémoires de cet auteur insérés dans les Actes de Leipsick leur paraissent comme non avenus? J'accorderai, si l'on veut, qu'il n'existe pas de piston proprement dit dans la *machine d'épuisement* de 1707; que la condensation de la vapeur n'y joue absolument aucun rôle; qu'en tout cas cette machine est postérieure à la patente du capitaine Savery. Mais que conclure de tout cela, puisque ce n'est pas l'ouvrage de 1707 que nous citons, mais bien un recueil de 1695, mais bien les Actes de Leipsick de l'année 1690 ? Bossut s'autorise, dans son Hydrodynamique, de l'ouvrage de 1695 pour attribuer à Papin une part importante dans l'invention de la machine à vapeur ; Robinson répond que cet ouvrage n'existe pas ! (*The fact is that Papin's first publication was in 1707.*) Je concevrais qu'il eût déclaré ne l'avoir point vu ; mais opposer une dénégation aussi tranchante à l'assertion positive de Bossut, était un manque d'égards d'autant moins excusable, que l'ouvrage de Papin n'est pas très rare en Angleterre, qu'en tout cas les Actes de Leipsick, qui en renferment la substance, se trouvent dans les principales bibliothèques, et qu'enfin cet ouvrage, dont le célèbre professeur d'Édimbourg nie l'existence, a été annoncé et analysé en mars 1697, dans les *Philosophical Transactions*, un an avant qu'il fût question de la machine de Savery. L'analyse des Transactions philosophiques, et cette remarque ne doit pas être oubliée, donne d'ailleurs textuellement le passage de l'ouvrage de Papin qui est relatif à l'emploi de la vapeur comme moyen de pousser le piston et de faire ensuite le vide sous sa surface. (*Voyez* Trans., t. XIX, p. 483.)

De nombreux et admirables perfectionnemens sont faits dans la suite par des ingénieurs anglais ; mais l'idée mère est là.

M. Arago, après des détails pleins d'intérêt, résume ainsi la part de chacun dans l'application de la force élastique de la vapeur.

1615. Salomon de Caus est le premier qui ait songé à se servir *de la force élastique* de la vapeur aqueuse, dans la construction d'une machine hydraulique propre à opérer des épuisemens.

1690. C'est Papin qui a conçu la possibilité de faire une machine à vapeur aqueuse et à piston.

1690. C'est Papin qui a combiné le premier, dans une même machine à feu à piston, la force élastique de la vapeur avec la propriété dont cette vapeur jouit de se précipiter par le froid.

1705. Newcomen, Cawley et Savery ont vu les premiers que, pour amener une précipitation prompte de la vapeur aqueuse, il fallait que l'eau d'injection se répandît sous la forme de gouttelettes dans la masse même de cette vapeur.

1769. Watt a montré les immenses avantages économiques qu'on obtient en supprimant la condensation qui s'opérait dans le corps de la pompe même, et en la remplaçant par la condensation dans un vase séparé.

1769. Watt a signalé le premier le parti qu'on pourrait tirer de la détente de la vapeur aqueuse.

1690. Papin a proposé le premier de se servir d'une machine à vapeur pour faire tourner un arbre ou une roue, et a donné un moyen pour atteindre ce but. Jusqu'à lui, les machines à feu avaient été considérées comme propres seulement à opérer des épuisemens.

1690. Papin a proposé la première machine à feu à double effet, mais à deux corps de pompe.

1769. Watt a inventé la première machine à double effet et *à un seul corps de pompe*.

Avant 1710, Papin avait imaginé la première machine à vapeur à haute pression et sans condensation.

1724. Leupold a décrit la première machine de *cette espèce* à piston.

1801. Les premières machines à haute pression locomotives sont dues à MM. Trevithick et Vivian.

1690. Papin doit être considéré comme le véritable inventeur des bateaux à vapeur,

Dans les pièces principales dont une machine à vapeur se compose :

1718. Breghton a inventé la tringle verticale, mobile avec le balancier, ou *plug-frame*, qui ouvre et ferme les diverses soupapes dans les grandes machines.

1758. Fitz-Gerald s'est servi le premier d'un volant pour régulariser le mouvement de rotation communiqué à un axe par une machine à vapeur.

1778. Washbrough a employé la manivelle coudée pour transformer le mouvement rectiligne du piston en mouvement de rotation.

1784. Watt a imaginé le parallélogramme articulé.

1784. Watt a appliqué, avec beaucoup d'avantage, le régulateur à force centrifuge déjà connu avant lui à ses diverses machines.

1801. Murray a décrit et exécuté les premiers tiroirs ou glissoirs manœuvrés par un excentrique.

Avant 1710, Papin avait inventé les robinets à quatre voies qui jouent un si grand rôle dans les machines à haute pression.

1682. Papin a inventé la soupape de sûreté.

MAXIMUM, le plus haut degré où une chose, une quantité mathématique puisse être portée : le *maximum des tarifs* est le prix le plus élevé pour le transport des voyageurs ou des marchandises; le *maximum des pentes* est le plus haut degré d'inclinaison permis sur la voie du chemin de fer. — MINIMUM, le plus petit état d'une quantité variable, la moindre somme exigible, lorsqu'il s'agit d'un *minimum d'argent*. Les courbes peuvent être plus ou moins développées, d'un rayon plus ou moins grand; le *minimum* des courbes est le plus petit développement autorisé par les cahiers de charges. On comprend qu'il a été inutile d'imposer un *maximum* aux courbes; car plus elles sont développées, plus elles se rapprochent de la ligne droite, et plus, par conséquent, elles tendent à satisfaire aux conditions d'un tracé parfait. (V. COURBES.) — Le *minimum* des courbes et le *maximum* des pentes sont des quantités qui n'ont point une délimitation absolue; elles varient d'un pays à un autre, et, dans les pays étrangers, d'une route à une autre dans des limites plus grandes que celles imposées à nos tracés. De nouvelles améliorations dans les machines locomotives ou dans la voie de fer peuvent, d'un jour à l'autre, permettre des pentes plus fortes et des courbes d'un moindre rayon.

MÈTRE, unité de longueur dans le système des nouvelles mesures; toutes les autres unités nouvelles en ont été déduites. Pour obtenir le mètre, on a choisi la longueur de l'arc du méridien terrestre, mesurant la distance du pôle à l'équateur, qui est de 30,784,440 pieds; puis, en prenant la dix-millionième partie de cette quantité, on a eu le mètre, qui égale, en mesures anciennes, 3 *pieds*

11 *lignes 296 millièmes de ligne.* — On appelle MÈTRE COURANT d'un ouvrage, d'une matière, l'étendue en longueur de 3 pieds 11 lignes 296 millièmes, sans avoir égard aux autres dimensions. — Le MÈTRE CARRÉ est une surface carrée d'un mètre sur chacun de ses côtés.—Le MÈTRE CUBE, unité de volume, est représenté par un solide qui a un mètre carré sur toutes ses faces : un *mètre cube de terrassement* est une masse de terrassement de la forme d'un cube, et ayant un mètre carré sur toutes ses faces. Les divisions et les subdivisions du mètre, en quantité de dix en dix fois plus petites, sont le *décimètre*, le *centimètre*, etc, et les quantités de dix en dix fois plus grandes sont le *décamètre*, l'*hectomètre*, le *kilomètre*, etc. Le KILOMÈTRE, longueur de mille mètres, est l'unité qui sert à mesurer les distances : la *lieue ancienne* est au *kilomètre*, mesure nouvelle, comme 4,44 est à 1, c'est-à-dire que *quatre kilomètres* ou 4,000 mètres forment environ une *lieue ancienne*.

PARCOURS, mot plusieurs fois employé dans ce travail avec le sens d'*étendue, espace à parcourir* : ainsi, nous disons un chemin qui a un parcours de treize lieues, c'est-à-dire une étendue de treize lieues.

PENTES, inclinaisons plus ou moins grandes du sol, mesurées par l'angle plus ou moins ouvert que sa surface forme avec le plan horizontal : on dit qu'une route a une pente de cinq millimètres par mètre, lorsqu'en parcourant une distance de un mètre on s'est élevé de cinq millimètres. Il est facile de voir qu'une des premières conditions à réaliser dans l'établissement d'un chemin de fer est le moindre développement possible des pentes : en effet, plus le frottement au pourtour des roues se trouve diminué sur les barres de fer des rails, plus la force de recul du chariot y devient sensible; aussi, cette force de recul y augmente-t-elle dans une progression rapide. Il suffira de dire que, sur une pente de cinq millièmes, la résistance totale qu'un chariot a à vaincre est déjà double de ce qu'elle est en plaine sur le même chemin ; sur une pente de dix millièmes, elle est triple ; sur une pente de vingt-millièmes, elle est quintuple. (*Almanach Claudius.*)

PIED ANGLAIS, moins grand que le pied français : celui-ci est égal à 324 millimètres 7, le pied anglais n'a que 304 millimètres 7 ; il a donc 20 millimètres de moins que le pied français. Le pied français étant égal à douze pouces, le pied anglais est égal à onze pouces trois lignes environ.

PROMULGATION, publication d'une loi faite avec les formalités requises.

RAILS, barres de fer, ou reliées les unes aux autres, ou simplement juxta-posées par leurs extrémités : deux lignes parallèles de ces barres forment une voie de chemin de fer, ou un chemin à *simple voie.* Les rails sont soutenus par les dés et fixés par les chairs ; l'éloignement des deux lignes parallèles de rails est déterminé par la distance qui sépare deux roues attachées au même essieu ; cette distance doit être telle qu'ils offrent une surface unie et solide à la partie extérieure de la roue, et un point d'arrêt à la partie intérieure, qu'ils engrènent en quelque sorte. Les rails étaient d'abord en fonte; ils sont maintenant en fer forgé, et d'une longueur de quatre mètres, soixante centimètres. Les rails se composent d'une tête appelée *champignon*, qui supporte la roue, d'une partie moyenne plus mince, et d'une partie inférieure renflée sur un de ses côtés seulement, pour être reçue dans une excavation correspondante du *coussinet*.—Le nom de RAIL-WAY a été donné au chemin de fer: ce nom est entièrement anglais et composé de deux mots: *rail*, qui signifie *barre*, et *way*, chemin. Cette dénomination, appliquée au nouveau moyen de communication, est plus exacte que celle que nous employons, car le nom de *chemin de fer* ne donne aucune idée de la disposition de la voie.

REMBLAIS, terres rapportées et battues pour aplanir la surface du chemin. La quantité de ces ouvrages s'évalue en mètres cubes. (V. *mètre.*) Les remblais et les déblais s'effectuent plus ou moins facilement, selon la nature du terrain: leurs prix varient selon la distance où les terres sont transportées. M. Defontaine, dans ses sous-détails du prix du mètre cube de remblais et de déblais, établit ainsi cette dépense: 1° pour un mètre cube de remblais, transporté à 1,000 mètres, 45 centimes (dans cette évaluation sont compris les frais de premier établissement de chemin de fer provisoire pour les terrassemens, l'acquisition des wagons, les frais de leur traction et de leur entretien);

2°. pour un mètre cube de déblais transporté à des distances qui vraient de 100 mètres à 3,000 mètres, de 0 fr. 35 cent. à 1 fr. 65 c. (Dans cette évaluation sont compris les frais de fouille, d'extraction et de chargement.)

REVIENT : le prix de revient d'une lieue de chemin de fer est le taux de la dépense faite pour son établissement. Nous avons étudié avec détail les conditions nombreuses qui déterminent, dans le prix de revient, des variations considérables d'un pays à un autre pays, d'un chemin à un autre chemin, d'un point même à un autre d'une même ligne. Pourtant il est un moyen propre à diminuer la dépense pour frais de premier établissement, dont nous n'avons rien dit dans le cours de notre travail, et sur lequel il convient de nous arrêter un instant : c'est l'emploi des PLANS INCLINÉS, qui permettent d'éviter des détours souvent considérables ou des travaux longs et coûteux, tels que des percemens de montagnes. Les plans inclinés sont rarement employés en France ; il en existe un sur le chemin de fer d'Épinac au canal de Bourgogne, et un autre sur le chemin de fer d'Andrezieu à Roanne. L'Amérique a trouvé dans l'emploi des plans inclinés une occasion d'économies considérables : il lui a été possible, par eux, de tracer des chemins de fer dans des contrées montueuses. M. Michel Chevalier, qui nous a si souvent fourni des documens d'un grand prix, donne, dans la note sixième de son ouvrage sur les *intérêts matériels en France*, une description intéressante des plans inclinés qui se présentent en Amérique : nous en citerons quelques passages.

« Ces plans inclinés, pour les canaux comme pour les chemins de fer, ne sont autre chose qu'un chemin de fer à deux voies ordinairement, disposé en pente au lieu d'être sur un terrain à peu près de niveau, et muni d'un mécanisme qui sert, soit à hisser au moyen d'une corde ou d'une chaîne les objets qu'il s'agit de remonter, soit à modérer la vitesse de ceux qui descendent. Ce mécanisme consiste habituellement dans une machine à vapeur, qui a l'inconvénient de coûter plus ou moins cher pour premier établissement, et d'exiger d'assez grands frais d'entretien et de service courant. Chacun des plans inclinés du chemin de fer du *Portage* est ainsi muni de deux machines à vapeur. Les plans inclinés de ce chemin de fer sont au nombre de dix : ils franchissent le col de Blair, élevé de 427 mètres au-dessus d'une de ses extrémités, et de 358 mètres au-dessus de l'autre.

« Voici quelles sont la longueur, la hauteur et l'inclinaison relatives de chacun de ces plans, à partir de Johnstown.

DÉSIGNATION DES PLANS.	LONGUEUR horizontale EN MÈTRES.	HAUTEUR verticale EN MÈTRES.	INCLINAISON en CENTIÈMES.
1	488	46	10
2	537	40	8
3	450	40	9,50
4	667	57	8
5	799	61	10,25
6	824	81	10,25
7	806	79	10,25
8	946	94	10,25
9	828	58	7,25
10	698	55	8,25

« Le chemin de fer de Pottsville à Sunbury, dans les Alléghanys, construit par M. Robinson, est un des ouvrages les plus curieux qu'il y ait dans le Nouveau-Monde ; il franchit la montagne appelée *Broad-Mountain*, qui s'élève de 317 mètres au-dessus de la ville de Sunbury, au moyen de six plans inclinés, dont quatre sur le versant du Schuylkill, et deux sur celui de la Susquéhannah. Cinq de ces plans ont pour profil une ligne droite ; un seul a pour profil une courbe : cependant, comme ils sont très rapides, on a adouci la pente au pied de chacun d'eux, sur une étendue très peu considérable ; le profil des plans présente ainsi par le bas une portion polygonale dont on raccorde les divers côtés de manière à avoir une courbe continue. Voici les dimensions de ces plans, en commençant par le plus voisin de Pottsville.

	LONGUEUR horizontale EN MÈTRES.	HAUTEUR verticale EN MÈTRES.	INCLINAISON en CENTIÈMES.
Plan incliné, n° 1..	203,43	33,56	16,50
— — n° 2..	246,13	61,77	25,09
— — n° 3..	167,75	48,79	29,08
— — n° 4..	262,60	44,89	17,09
— — n° 5..	495,62	105,22	21,21
— — n° 6..	269,62	50,63	18,71

« Le mécanisme au moyen duquel les chariots ou wagons se meuvent sur les plans inclinés de ce chemin de fer est fort simple : chacun de ces plans est muni d'une chaîne sans fin qui s'enroule dans la gorge de deux roues horizontales, placées l'une en haut, l'autre en bas du plan (1). Ces roues sont formées chacune de deux plateaux de fonte, séparées par une couronne en bois de chêne dans laquelle est creusée la gorge ; chaque roue est installée dans une petite chambre maçonnée et recouverte d'un plancher sur lequel passe le chemin de fer ; la roue du sommet du plan est munie d'un *frein* de forme ordinaire, destiné à modérer et à arrêter le mouvement ; en outre, au sommet des plans n°s 2 et 3, qui sont les plus rapides, on a établi un régulateur à éventail qui prévient, avec le plus grand succès, l'accélération du mouvement. On attache les chariots à l'extrémité de la chaîne sans fin, et au moyen du régulateur, qui opère tout seul, et qu'un gardien aide au besoin, en faisant jouer le frein, ils descendent d'un train doux et très uniforme ; comme d'ailleurs, au bas de chaque plan la pente a été diminuée, les chariots qui, grâce au régulateur, y arrivent avec peu de vitesse, s'arrêtent en ce point presque d'eux-mêmes ; alors on les détache de la chaîne sans fin, et ils continuent leur route.

« On peut faire descendre à la fois sur chaque plan quatre wagons portant chacun trois tonneaux (3,000 kilog.) de charbon, et pesant par eux-mêmes chacun un tonneau. Le chemin de fer de Pottsville

---

(1) A cause de la courbure du profil du plan incliné n° 5, on n'a pu y employer une chaîne sans fin, descendant d'un côté du plan incliné et remontant de l'autre ; on s'y sert de deux cordes fixées à un tambour horizontal, autour duquel l'une s'enroule tandis que l'autre se déroule.

à Sunbury étant spécialement destiné à transporter du charbon de terre dans la direction de l'ouest à l'est, le mouvement a lieu presque constamment en descendant sur les quatre premiers plans. Pour remonter les objets généralement de faible poids, qui se présentent au bas de ces plans, lorsqu'on veut qu'ils passent immédiatement sans attendre qu'il vienne des wagons chargés de charbon, lesquels, attachés, comme eux, à la chaîne sans fin, mettraient cette chaîne en mouvement et les feraient remonter en descendant eux-mêmes, on supplée aux wagons de charbon par un ou deux wagons remplis de pierres, qui sont réservés pour cet emploi, et qu'on appelle *ballast-cars*. Ces *ballast-cars* sont remontés ensuite par les wagons de charbon qui descendent.

« Pour les plans nos 5 et 6, que le charbon doit traverser en remontant, la difficulté était plus grande. On l'a vaincue avec beaucoup de bonheur de la manière suivante : on a conduit une source au sommet du plan incliné n° 5; l'eau de cette source arrive dans un réservoir et sert à remplir des caisses en tôle d'une capacité de 4 mètres cubes, portées sur des trains de wagons. Chacune de ces caisses contient ainsi une quantité d'eau dont le poids est de 4 tonneaux ou 4,000 kilog. Dès lors, un petit nombre de ces caisses, placées en haut de la pente, là où elle est le plus raide et où la pesanteur a le plus d'action, doivent, une fois abandonnées à elles-mêmes, tendre à descendre avec une grande énergie, et procurer une force suffisante pour remonter les wagons de charbon placés en bas. A cet effet, ces wagons de charbon sont attachés à une corde qui s'enroule sur un tambour sur lequel est enroulée, en sens contraire, une corde fixée aux wagons chargés d'eau (1).

« On vide les caisses au bas du plan, et, ainsi allégées, on les remonte sans peine en les fixant à quelque train de wagons de charbon remontant.

« On emploie cependant aussi, pour la manœuvre du plan n° 5, une machine à vapeur, parce qu'on a craint que sur une pente aussi rapide et aussi longue, il ne fût trop difficile de bien guider le mouvement des wagons livrés absolument à eux-mêmes.

« Au sommet et au pied de chaque plan incliné, il y a trois voies de chemins de fer, dont l'une sert de gare d'évitement.

« La manœuvre de chacun de ces plans inclinés est faite en très peu de temps. Un seul homme y suffit pour chaque plan.

« La dépense du mécanisme de ces plans inclinés est très modique : ainsi, pour le plan incliné n° 2, la dépense totale s'est élevée à 20,000 fr. environ. Parmi les ouvrages que M. Robinson a exécutés sur le sol des États-Unis, il n'y en a aucun où cet habile ingénieur ait donné des preuves plus surprenantes du talent qui le distingue de faire à la fois bien et à bon marché.

« Le canal Morris, entre la Délaware moyenne et la baie de New-York, est aussi très digne d'étude.

---

(1) Au plan incliné n° 6, les choses se passent à peu près de la même manière. Au lieu de ces deux cordes, il y a une chaîne sans fin, comme aux quatre premiers plans.

Voici en quoi consiste le mécanisme du plus considérable de ses plans.

« Ce plan incliné est à deux lieues d'Easton ; il a 30^m50 de hauteur, et 335^m50 de longueur horizontale, ce qui donne une inclinaison d'un onzième. Il y passe des bateaux contenant 20 à 25 tonneaux de charbon, et pesant 6 à 7 tonneaux à vide. La durée du passage sur ce plan est d'un quart d'heure, y compris le temps nécessaire au bateau pour se remettre en marche, une fois parvenu au bief supérieur : j'ai assisté au passage de cinq bateaux, pour lesquels ce temps a suffi. Le plan incliné a deux voies de chemin de fer : chacune d'elles est précédée, au sommet, d'un sas en bois. Ces sas servent, l'un à loger le bateau qui descend, l'autre à recevoir celui qui monte ; une fois qu'il est arrivé en haut, en supposant que l'ascension d'un bateau soit combinée avec la descente d'un autre, ce qui n'est pas indispensable. Chaque bateau est transporté sur un grand char à huit roues ; même à défaut de bateau, les deux chars sont toujours mis en mouvement, afin qu'il y en ait constamment un en haut et un autre en bas du plan. Les bateaux s'installent aisément sur les chariots, parce que les choses sont tellement disposées que la plateforme de chaque char ne se trouve, soit en haut, soit en bas, qu'à la hauteur du fond du canal.

« Le moteur est une roue à augets, qui, par un système d'engrenages, fait tourner une roue horizontale à gorge, en fonte, sur laquelle s'enroule une forte chaîne en fer qui va également s'enrouler dans la gorge d'un rouet placé à l'arrière des chars qui portent les bateaux, de telle sorte que lorsque l'un des chars monte, la chaîne, qui se raccourcit pour suivre le mouvement de ce char sur celle des deux voies qu'il parcourt, s'allonge d'autant sur l'autre voie.

« Les portes des deux sas s'ouvrent et se ferment en très peu de temps par un mécanisme particulier très simple et très ingénieux.

« La manœuvre de ce plan est si aisée qu'un gardien y met tout en mouvement, sans le secours des bateliers, en quelques minutes.

« Outre ce grand plan incliné, le canal Morris en offre vingt-deux autres, dont la hauteur varie de 10m50 à 24m. »

Nous aurions pu nous dispenser de citer ce passage de M. Michel Chevalier ; mais nous n'avons pu résister au désir de faire connaître à nos lecteurs un fragment d'un ouvrage fait en conscience, et qui, par la valeur et le nombre de faits qu'il contient, se recommande si bien à l'attention des hommes qui veulent étudier les questions d'économie politique.

SAISIE-ARRÊT, acte par lequel le créancier saisit le bien de son débiteur entre les mains d'un tiers, comptable envers ce même débiteur : on voit, d'après cette définition de la saisie-arrêt, que l'État, au paragraphe 3 de l'art. 43 du cahier des charges, se fait créancier des propriétaires du chemin ; il y est dit : « Dans les cinq dernières années qui précéderont le terme de la concession, le gouvernement aura le droit de mettre saisie-arrêt sur les revenus du chemin de fer, et de les employer à rétablir en bon état le chemin et toutes ses dé-

« pendances, si la compagnie ne se mettait pas en « mesure de satisfaire pleinement et entièrement à « cette obligation. » Dans ce cas, la saisie-arrêt serait faite entre les mains des agents comptables des compagnies, par le gouvernement.

SOCIÉTÉ ANONYME, celle qui n'existe pas sous un nom social : ce qui la qualifie n'est pas le nom d'un ou plusieurs de ses associés, mais la désignation de l'objet de son entreprise. La société anonyme est administrée par des mandataires à temps, faisant ou non partie de la société, salariés ou gratuits. Les administrateurs ne sont responsables que de l'exécution du mandat qu'ils ont reçu ; ils ne contractent, à raison de leur gestion, aucune obligation personnelle ni solidaire relativement aux engagemens de la société. Les associés, dans les sociétés anonymes, ne sont jamais engagés pour plus que le montant de la somme par eux souscrite, et ils ne peuvent être passibles que de la perte de leur intérêt dans la chose qui fait l'objet de la société.

Le capital de cette société se divise en actions. Les actions peuvent être établies sous plusieurs formes : ou bien elles ont celle d'un titre au porteur, et alors la tradition du titre suffit pour opérer la cession ; ou bien leur propriété résulte d'une inscription sur les registres de la société : dans ce cas, la cession s'opère par une déclaration de transfert (action de faire passer d'une personne à une autre) inscrite sur les registres, et signée de celui qui fait le transport ou d'un fondé de pouvoirs.

La société anonyme ne peut exister qu'avec l'autorisation du Roi, et avec son approbation pour l'acte qui la constitue.

TARIFS, tableaux qui indiquent les prix pour le transport des voyageurs et des marchandises : dans l'état actuel, ce tableau est arrêté à l'avance et inscrit au cahier des charges ; nous avons bien souvent dit aux actionnaires que cette clause devait disparaître, et que la liberté des tarifs est une condition de prospérité ou même d'existence pour eux, nous n'y reviendrons pas. Les prix inscrits aux tarifs ont reçu une double destination par l'admission du principe de la libre circulation ; ils ont dû acquitter le PÉAGE et le TRANSPORT. Cette division de la somme exigée a pour objet de conserver à toute personne qui voudrait établir des services sur le chemin le droit de le faire parcourir par ses machines et ses wagons, moyennant l'acquittement du prix de péage : « Le principe de la libre circulation une fois admis, dit M. Defontaine, il devenait nécessaire de diviser le tarif en deux parties, l'une qui représente le prix du passage sur le chemin de fer ou le loyer du chemin, et l'autre qui représente les frais de traction et de locomotion, et qui ne serait perçu par la compagnie du chemin de fer que lorsqu'elle effectuerait le transport à ses frais et avec un matériel à elle appartenant. » Jusqu'à présent, aucune voie, en France, n'a présenté l'exemple d'un service organisé par des personnes étrangères à la concession. Si ce principe de la libre circulation était une fois appliqué, surtout pour le transport des marchandises, on ne tarderait pas à s'apercevoir que le prix de péage arrêté comme il l'est aux cahiers des charges, loin d'être un avantage pour les concessionnaires, leur serait onéreux, et cela probablement en proportion directe de la quantité des marchandises transportées.

TONNEAU, terme de commerce qui désigne le poids et non pas le volume des marchandises. Le tonneau est un poids de deux mille livres, ou de mille kilogrammes dans les mesures françaises; le tonneau anglais pèse mille quinze kilogrammes, c'est-à-dire trente livres environ de plus que le tonneau de notre pays.

TRANSIT, passage des marchandises à travers un pays, avec destination sur un pays voisin. L'importance des chemins de fer, sous le rapport du transit, avait été exagérée dans l'exposé des motifs présenté en 1838 par M. le ministre des travaux publics. M. Arago, rapporteur, répondit au ministre comme il suit :

« Lisons l'exposé des motifs du projet de loi, et nous trouverons, page 7 : « C'est surtout en vue du « *transit* qu'ils sont destinés à créer au travers de « la France que les chemins de fer doivent attirer « toute notre sollicitude. » A la page suivante, ce *transit*, que les chemins de fer ne peuvent manquer de créer, est caractérisé nettement. Il se composera : « De la plus grande partie des marchan- « dises qui passeront du midi dans le nord de « l'Europe et réciproquement. » A la page 9, le *transit* se représente avec de nouveaux développements. Il s'empare alors de tout ce qui doit se transporter « de l'Océan et de la Méditerranée, sur les

« provinces de l'Allemagne, sur la Suisse et l'I-
« talie. »

« Il y a bien long-temps que le *transit* est en possession d'exercer parmi nous une puissance dont la légitimité n'a jamais été démontrée. Vous rappelez-vous, par exemple, sous combien de formes il nous apparut quand on discuta la question des deux entrepôts de Paris ? Depuis, on n'en a plus entendu parler, par l'excellente raison que la quantité de marchandises qui transite au travers de ces deux grands établissements est vraiment imperceptible. Évitons s'il se peut de pareils mécomptes. Le vrai moyen pour cela est d'aller nous saisir des chiffres relatifs au transit, dans les registres, dans les statistiques de la *Douane*.

« En 1836, le poids total des marchandises expédiées en transit, à travers la France, a été de 34,025,365 kilogrammes.

« Le parcours moyen de ces marchandises s'est élevé à 103 lieues.

« Par le roulage ordinaire, le prix du transport par lieue et par tonne de 1,000 kilogrammes est de 80 centimes.

« Le montant total des frais de transit, dans toute l'étendue de notre territoire, a donc été, en nombre rond, de 2,803,000 fr.

« Si tous les chemins de fer étaient exécutés, si tout le transit s'effectuait par *rails et locomotives*, les 2,803,000 fr. dont nous venons de parler se *réduiraient*, d'après le tarif de 0 fr. 30 c. par tonne et par lieue, à 1,051,000 fr.

« Ce serait, par an, UNE DIMINUTION de 1,752,000 fr. Le pays *perdrait donc* environ les deux tiers de la dépense totale qu'occasionne aujourd'hui le mode de transport par rouliers. Ce serait près de 2,000,000 fr. que le commerce de nos voisins laisserait *de moins* sur les routes de France que parcouraient ses marchandises manufacturées ou à l'état de matières premières. Ce serait 2,000,000 fr. de capitaux étrangers qui se trouveraient ENLEVÉS annuellement aux commissionnaires, aux rouliers, aux aubergistes, aux marchands de chevaux, aux charrons, etc.

« Sans doute, plus de célérité, de régularité, d'économie dans le service des routes, augmenterait la masse des transports. Eh bien! qu'on triple cette masse, et alors nous serons seulement revenus à l'état présent des choses, quant aux bénéfices que la France retire du passage qu'elle donne, sur son territoire, aux marchandises étrangères; qu'on *décuple*, si l'on veut, le transit actuel, et nous ne trouverons encore, au profit de notre pays, qu'une augmentation de 7,700,000 fr.

« Ces chiffres dissiperont bien des illusions. Qu'on le remarque, cependant, nous n'avons entendu y traiter, à la suite de l'exposé des motifs, que la question du transit des marchandises appartenant à des étrangers à leur arrivée dans nos ports. Celle du transit des voyageurs, celle du transit des marchandises expédiées par notre commerce, ont une tout autre importance. Nous sentons très bien ce que l'humanité, ce que la civilisation, peuvent attendre de moyens de transports commodes, économiques, rapides, qui rapprocheront, qui uniront les peuples, ou devant lesquels, du moins, s'affaibliront les haines nationales, les préjugés qui, durant tant de siècles, ont été si cruellement exploités. Nous savons très bien aussi que *là où vont les hommes vont les affaires*, et que, dès lors, le commerce a tout intérêt à voir affluer sur notre territoire un très grand nombre de voyageurs. Nous n'ignorons pas davantage combien les mille canaux de la Hollande contribuèrent, jadis, à faire des négociants de ce pays les facteurs du commerce du monde, et notre plus vif désir serait que nos concitoyens du *Havre*, de *Nantes*, de *Bordeaux*, etc., etc., trouvassent de semblables moyens de fortune dans les nouvelles communications projetées ; enfin, c'est parce que ces diverses considérations se sont offertes à nos esprits de bonne heure ; c'est parce que nous les avons sérieusement méditées, que nous sommes partisans des chemins de fer. La discussion numérique dans laquelle nous avons cru devoir entrer, relativement au transit, avait pour unique but de débarrasser le terrain d'un élément étranger, ou qui, du moins, n'y doit jouer qu'un rôle secondaire. »

La direction de nos études ne nous ayant pas conduit à examiner la question *du transit*, nous n'en avions parlé qu'en passant ; il nous a paru utile de citer ici l'opinion de M. Arago sur le *transit des marchandises*, et les chiffres sur lesquels il la fonde : ce qu'elle établit nous paraît vrai et incontestable ; mais si l'illustre rapporteur avait pu prévoir les tarifs fixés par le ministre et imposés provisoirement aux concessionnaires des grandes lignes, il aurait pu tirer de leur insuffisance des raisons nouvelles pour démontrer que le ministre avait exagéré l'importance *du transit* des marchandises.

VAPEUR D'EAU : c'est l'eau à l'état gazeux; cette vaporisation de l'eau s'effectue à toutes les températures ; mais lorsqu'elle est déterminée par une élévation considérable de la température, elle acquiert une force élastique très grande. A la température de 100 degrés centigrades, la tension de la vapeur, sous une certaine surface, est égale au poids d'une colonne d'air qui a cette même surface à sa base et une hauteur de quinze à vingt lieues, ou bien au poids d'une colonne d'eau de même base et haute de 32 pieds, ou bien encore au poids d'une colonne de mercure de même base et haute de 28 pouces. A la température de 122°, la tension de la vapeur est double, c'est-à-dire qu'elle est égale au poids de deux atmosphères ; à la température de 135°, elle est égale au poids de trois atmosphères ; à la température de 145°, elle est égale au poids de quatre atmosphères, etc. C'est cette force élastique de la vapeur d'eau, et le phénomène de sa précipitation par le froid qui sont si admirablement employés pour imprimer au piston de la machine à vapeur le mouvement de va-et-vient.

WAGONS, voitures qui varient de forme selon qu'elles ont pour objet le transport des terrassemens, celui des marchandises ou des voyageurs.

FIN.

TABLE DES MATIÈRES

CONTENUES DANS CE VOLUME.

CHAPITRE IV.

CHAPITRE V.

CHAPITRE VI.

CHAPITRE VII.

CHAPITRE VIII.

CONCLUSIONS.

Liste alphabétique et explicative des termes de droit et d'art contenus dans ce volume.

FIN DE LA TABLE DES MATIÈRES.

EXTRAIT DU CATALOGUE

DE LA

LIBRAIRIE DE P. DUFART,

RUE DES SAINTS-PÈRES, N° 1.

NOUVEAU TRAITÉ

DES

PLANTES USUELLES,

SPÉCIALEMENT APPLIQUÉ A LA MÉDECINE DOMESTIQUE

ET AU RÉGIME ALIMENTAIRE DE L'HOMME SAIN OU MALADE;

PAR M. LE DOCTEUR JOSEPH ROQUES,

Auteur de la *Phytographie médicale* et de l'*Histoire des Champignons comestibles et vénéneux;*

Paris, Imprimerie de CRAPELET, 1838, 4 beaux volumes in-8, br. 32 fr.

Une première édition des *Plantes usuelles* a paru en 1809. C'était plutôt l'histoire critique des plantes officinales dont on avait exagéré les vertus que leur application pratique. Mais ce livre était alors nécessaire, il fut favorablement accueilli. L'ouvrage que nous annonçons est entièrement neuf et à la portée de toutes les intelligences. On y traite non seulement des plantes médicinales, de leurs propriétés et de leurs usages dans les maladies,

L'Histoire moderne. 2 vol. in-18. br. 4 f.

L'Histoire de France, 4e édit. 2 vol. in-18. br. 4 f.

L'Histoire d'Angleterre. 2 vol. in-18. br. 4 f.

L'Histoire de la Découverte de l'Amérique. 1 vol. in-18. br. 2 f.

Carte géographique et chronologique de l'ancien monde, pour l'intelligence des Histoires racontées aux enfans. Coloriée. 2e tirage rectifié. 2 f.

La Géométrie enseignée aux enfans; 2e édition, augmentée de plusieurs leçons sur les surfaces et la mesure des solides. 1 vol. in-18. fig. br. 75 c.

Précis de l'Histoire civile et politique des Français, pour servir à l'enseignement élémentaire. Paris, 1833, 1 vol. in-8. br. 7 f.

Biographie élémentaire des personnages historiques et littéraires, à l'usage des maisons d'éducation; ouvrage entièrement neuf et rédigé sur les documens les plus authentiques. 2 vol. in-18, petits caractères, à deux colonnes. *Sous presse.*

Huit années se sont écoulées depuis les premières publications du Cours d'histoire racontée aux enfans, et près de *cent mille volumes* de cette collection, successivement répandus en France et à l'Étranger, ont suffisamment attesté son utilité pour l'enseignement élémentaire.

Cependant, ce succès, que personne aujourd'hui ne saurait révoquer en doute, n'a été pour nous qu'un nouveau motif de redoubler d'efforts pour le rendre aussi durable que complet; et chacune de nos réimpressions a été marquée par de notables améliorations, qu'il est aisé de reconnaître à la seule comparaison.

Le public éclairé, qui a bien voulu nous accorder son suffrage, nous a sans doute su quelque gré de cette active persévérance, et nous venons tout récemment encore d'en recueillir le prix le plus flatteur, en obtenant pour plusieurs de nos ouvrages l'approbation universitaire, qui nous assure dans les écoles publiques de l'un et de l'autre sexe le même accueil favorable dont nous jouissons depuis plusieurs années dans la plupart des établissemens particuliers de Paris et des départemens.

C'est également dans le but de faciliter à l'enfance et à

la jeunesse les premières études de l'histoire, trop longtemps négligées dans l'instruction, ou réduites à de simples analyses chronologiques, que nous mettons aujourd'hui sous presse la *Biographie élémentaire des personnages historiques*, ouvrage entièrement neuf, rédigé sur les documens les plus authentiques et destiné à servir de complément à l'étude de notre Cours d'histoire racontée.

Les personnes qui se livrent à l'éducation de la jeunesse, et particulièrement celles qui pratiquent la méthode rationnelle de M. le professeur Lévi, apprécieront, nous n'en doutons pas, toute l'utilité d'un Dictionnaire biographique exécuté d'après un plan homogène et raisonné, et renfermant, sous un volume peu étendu, tous les développemens qui servent à mieux faire comprendre et à mieux caractériser les principaux faits de l'histoire dont les élèves ont déjà puisé la connaissance dans leur excellent enseignement.

Histoire de la Peinture en Italie, depuis la renaissance des beaux-arts jusque vers la fin du dix-huitième siècle; par Lanzi, traduite de l'italien sur la troisième édition, par madame A. Dieudé. Paris, 1824, 5 vol. in-8. br. 25 f.

De la Charité légale, de ses effets, de ses causes, et spécialement des Maisons de travail, et de la proscription de la mendicité; par M. Naville, ministre du saint Evangile à Genève. Paris, 1836, 2 vol. in-8, avec tableaux. br. 15 f.

De l'Éducation publique considérée dans ses rapports avec le développement des facultés, la marche progressive de la civilisation et les besoins actuels de la France; par le même. Seconde édition. Paris, 1833, 1 vol. in-8. avec tableaux. br. 7 f.

La Question d'Alger. — Politique. Colonisation. Commerce; par M. Desjobert, député de la Seine-Inférieure. Paris, 1837, 1 vol. in-8. br. 6 f.

L'Algérie en 1838, par le même. Paris, 1838, 1 vol. in-8. br. 3 f.

Le Port-Folio, ou Collection des documens politiques relatifs à l'histoire contemporaine, traduit de l'anglais. Paris, 1836-1837, in-8, 41 livraisons. 55 f. 85 c.

L'Angleterre, la France, la Russie et la Turquie, ouvrage traduit de l'anglais, etc. Paris, 1835, 1 vol. in-8, br. 5 f.

Progrès et position actuelle de la Russie en Orient, ouvrage traduit de l'anglais, et accompagné d'une Carte coloriée représentant le tableau des acquisitions territoriales de la Russie depuis l'avénement au trône de Pierre Ier, Paris, 1836, 1 vol. in-8. br. 4 fr.

Odes d'Horace, traduites en vers, le texte en regard, par M. Montigny. Paris, imprimerie de Jules Didot, 1836, 1 vol. in-8. papier fin. br. 8 f.

Histoire d'Italie, de 1789 à 1814; par Charles Botta. Paris, 1824, 5 vol. in-8. br. 25 f.

Histoire littéraire d'Italie, par Ginguené, 2e édition, continuée par Salfi. Paris, 1824, 10 vol. in-8. br. 70 f.

L'Espagne. Souvenirs de 1823 et de 1833 ; par A. M. de Bourgoing. Paris, 1834, 1 vol. in-8. br. 6 f.

Monographie, ou Histoire naturelle du genre Groseillier, contenant la description, l'histoire, la culture et les usages de toutes les groseilles ; par C.-A. Thory. Paris, 1829, 1 vol. in-8. orné de 24 planches. br. Noires, 8 f.
Coloriées, 10 f.

Prodrome de la Monographie des espèces et variétés connues du genre Rosier, etc. ; par le même. Paris, 1820, 1 vol. in-12. fig. br. 3 f.

Acta latomorum, ou Chronologie de l'Histoire de la Franche-Maçonnerie française et étrangère ; par C.-A. Thory. Paris, 1816, 2 vol. in-8. fig. br. 15 f.

L'Italie ; par lady Morgan, ouvrage traduit de l'anglais. Paris, 1821, 4 vol. in-8. br. 24 f.

Essai historique sur les phénomènes de la vie, par sir Charles Morgan, ouvrage traduit de l'anglais. Paris, 1819, 1 vol. in-8. br. 7 f.

Mémoires sur les ouvrages de sculpture du Parthénon et de quelques édifices de l'Acropole, à Athènes, et sur une épigraphe grecque en l'honneur des Athéniens morts devant Potidée ; par Visconti. Paris, 1818, 1 vol. in-8. br. 3 f. 75 c.

Aperçu statistique de l'île de Cuba, précédé de quelques lettres sur la Havane, etc. ; par Huber. Paris, 1826, 1 vol. in-8, avec 2 cartes, br. 7 f.

Mémoires du général Morillo, relatifs aux principaux événemens de ses campagnes en Amérique, de 1815 à 1821, suivis de deux précis de don Jose Domingo Diaz et du général don Miguel de La Torre. Paris, 1826, 1 vol. in-8. br. 5 f.

Manuel des maladies de la peau et de celles qui peuvent aussi affecter les cheveux, la barbe, les ongles, etc. ; par Bergmann, traduit de l'allemand par M. R., médecin, 1 vol. in-18. br. 1 f. 50 c.

Mémoires sur la vie de Nicolas Poussin, par Maria Graham, traduits de l'anglais. Paris, 1821, 1 vol. in-8. fig. br. . . . . 4 f.

Commentaire sur l'ouvrage de Filangieri, par Benjamin Constant. Paris, 1824, 1 vol. in-8. br. 8 f.

LES ROSES,

PEINTES

PAR P.-J. REDOUTÉ,

DÉCRITES ET CLASSÉES D'APRÈS LEUR ORDRE NATUREL,

PAR C.-A. THORY;

TROISIÈME ÉDITION,

PUBLIÉE SOUS LA DIRECTION DE M. PIROLLE.

Trois volumes, format grand in-8°, Pap. Vélin, ornés de 184 planches imprimées en couleur, et soigneusement terminées au pinceau.

Prix : cartonnage à l'anglaise. 100 f.

— Demi-rel., veau, à nerfs, non rogné. 115 f.

— *Idem*, en maroquin, avec mosaïques. 140 f.

Cette nouvelle édition des Roses de M. Redouté, dont l'exécution est trouvée si parfaite, a été augmentée :

1°. D'une Classification que les auteurs ont distribuée, d'après le système le plus généralement adopté, en 26 espèces ou familles, autour desquelles se groupent les principales variétés qui s'y rattachent;

2°. D'un Traité sur la culture du Rosier, avec les dessins de ses divers organes;

3°. D'une addition de 22 planches et descriptions de Roses nouvelles;

4°. Enfin, d'un Tableau général des groupes, accompagné de deux Tables alphabétiques et par ordre de matières, qui concourent, avec d'autres nombreuses augmentations dans le texte, à compléter utilement cet ouvrage, et à lui assurer de nouveaux titres à l'accueil de toutes les classes d'amateurs.

Treize vignettes pour les OEuvres de Regnard, exécutées par MM. Lefèvre, Burdet, Leroux, Blanchard, Fauchery, Bein et Müller, d'après les dessins de Desenne.

Épreuves avant la lettre, et eaux-fortes sur papier de Chine. 40 f.

Idem avec lettres grises, sur papier de Chine, tirées, ainsi que les épreuves avant la lettre, à très petit nombre. 20 f.

Idem, avec lettre sur papier blanc. 10 f.

Cette charmante collection, destinée à faire désormais l'ornement de toutes les éditions in-8° de Regnard, est la dernière production d'Alexandre Desenne, et son chef-d'œuvre, au jugement de tous les artistes.

www.ingramcontent.com/pod-product-compliance
Lightning Source LLC
Chambersburg PA
CBHW060407200326
41518CB00009B/1282
* 9 7 8 2 0 1 9 5 3 8 0 6 4 *